Türkiye'de Sınıf Mücadelesinin Son Kırk Yılı:

1980'den 2020'ye Genel Bir Bakış

I0449313

Enternasyonal Komünİst Partİsİ
international-communist-party.org

Tanıtım

Son kırk yılın Türkiye'sinde yaşanan mücadeleler ve sorunlar, elbette kapitalizmin olduğu her yerdekine benzer süreçler seyrediyor ve benzer şekillerde sonuçlanıyor. Farklı ülkelerin sermaye grupları, devlet şirketinin patronlarıyla birlikte örgütlü bir biçimde sömürüsünü sürdürürken, tarihten ders çıkarmayı ihmal etmiyor: Her fırsatta yeni önlemler alarak ve yeni sömürü teknikleri geliştirerek bir yandan işçilerin örgütlenmesini engelliyor, diğer yandan işçilerin sistemle daha barışık ve daha verimli çalışacak bireyler haline gelmelerine ortam hazırlıyor. Bütün bunlar örgütsüz mücadelenin mümkün olamayacağını açıkça gösteriyor. Anlık reflekslerle hareket eden, sınıf bilinci kazanamamış ve örgütlenerek mücadelenin sürekliliğini sağlayamamış işçilerce verilen mücadeleler en nihayetinde kayıpla sonuçlanıyor; ama yine de işçiler bu mücadelelerden pek çok şey öğrenebiliyor. Bu işçiler bugünün devrimcileri olduklarında ve geleceğin devrimcilerine tecrübelerini miras bıraktıklarında aşağıda naklettiğimiz vahşetin son bulacağını düşünüyoruz. Bunun gerçekleşebilmesinin birincil koşulu ise gerçek sınıf sendikalarında örgütlenerek ve mücadele hatıralarının sistemli aktarımını sağlayarak, aynı hataları tekrar tekrar yapmaktan kurtulmaktır. Sömürü düzenine karşı devrimci mücadelenin hafızası komünist partidir. Hafızaya sahip olamayan kitleler tarihin tekerrürüne mahkum olurlar.

Bu yazıda Türkiye örneğini iki ana başlık altında ele alıyoruz: 80'li ve 90'lı yıllar, ve 2000'li yıllar. Her bir başlıkta kısaca dönemin siyasi arka planı ele alınıp asıl konuya, sınıf mücadelelerine geçiliyor. Ulaşılabilen kaynakların ışığında çoğunlukla kitlesel direnişlerin süreçlerinin anlatıldığı yazıda, bazı kitlesel olmayan ama bir şekilde geniş kitlelere ulaşabilmiş veya özgün karakteristik özelliklere sahip direnişlere de kısaca değiniliyor. Tabii ki burada bahsi geçenler dışında pek çok direniş mevcut. Metnin yazılma amacı şu anki Türkiye işçi sınıfının durumunu kavrayıp, çıkarılan derslerle yarının mücadele ortamının güçlenmesine katkı sunmak ve Türkiye işçilerinin yakın dönemdeki deneyimlerini dünya işçi sınıfıyla paylaşmak olduğundan 2000'li yıllardaki mücadelelere ağırlık verildi. Verilerin büyük çoğunluğu ulusal ve uluslararası istatistik kurumlarından ve devlet kurumlarından sağlandı. Bunun dışında kaynak olarak bağımsız araştırmacıların verileri ile akademik makaleler; sendika, dernek ve meslek odası verileri ve haber metinleri kullanıldı. Elbette metinler pek çok çarpıtma ve tutarsızlık içeriyordu. Bu yüzden veriler düzenli olarak karşılaştırılıp tutarlı bilgiler elde edilmeye çalışıldı.

I. Kısaca 80'li ve 90'lı Yıllar Türkiye'si ve Sınıf Mücadelesi

1980 askeri darbesi sonucunda grevlerin yasaklandığı Türkiye'de işçi eylemlerinde ciddi bir düşüş gerçekleşti. 1984'te kalkan yasakla birlikte işçiler yeniden alanlarda görünmeye başladıysa da dünya geneline oranla greve katılan işçi sayısı oldukça düşüktür. Bu oranların düşüklüğü resmi greve çıkma süreçlerinin devlet tarafından engellenmesi, sigortasız ve sendikasız çalışan işçilerin oranlarının yüksekliği, siyasi gelişmelerin toplumsal hayata sert yansımaları ve sınıf sendikaları ve devrimci partinin eksikliğiyle açıklanabilir. Darbe ardından ortaya konulan yasal düzenlemeler seksenlerden bu güne kadar Türkiye işçi sınıfı mücadelesine ket vurmuştur: Toplu sözleşme ve grev yapma haklarında ciddi sınırlama, işkolu barajı koyarak işyerlerinde sendika etkisini kırmaya çalışma, dayanışma grevlerini yasaklama, grev çadırı kurmayı ve grev alanında üç kişiden fazla insan bulundurmayı yasaklama, iş yavaşlatma ve yemek boykotu tarzı işçi eylemlerini yasaklama vb. yasal düzenlemelerle sınıf hareketinin önüne geçmeye çalıştıkları açıkça görülmektedir. Bu dönemde taşeronlaşmada da artış gerçekleşti. Türkiye Cumhuriyeti'nin kuruluşundan itibaren pek çok fabrika devlet eliyle kurulmuş ve devlet kurumu olarak işletilmişti. Kuruluşu itibariyle karma ekonomiye sahip olan Türkiye, kamu teşebbüslerinin özel sektöre devredilmemesinin karsız olduğu düşüncesinin 80'li yıllarda hakim olmaya başlaması sebebiyle pek çok az gelişmiş veya gelişmekte olan ülkede olduğu gibi yoğun bir özelleştirme ve serbest ekonomiye geçme çabasına girişti. Kamu kurumlarının özel şirketlere satılması, kamu çalışanlarının kazanılmış haklarını yitirmesi anlamına geliyordu. Bu durum 80'lerden itibaren birçok grev ve direnişin gerçekleşme sebebi oldu. Bunlar haricinde 80'li yıllara darbe hükümetinin Türkiye Kürdistanı'nda uyguladığı zulme karşı Stalinist Kürt milliyetçisi PKKnin yükselişi ve Türk devletiyle arasındaki kanlı gerilla savaşının damga vurduğunu belirtmek gerekir. Aynı zamanda, sonraki otuz yıla damgasını vuracak olan İslamcı akım da, darbe yönetiminin desteğiyle bu dönemde yükselmeye başlamıştır.

1. Netaş Grevi:

Kazanılmış hakların gaspına ve kanlı askeri yönetimin insanlar üzerinde yarattığı korkuya rağmen seksenli yılların ikinci yarısı Türkiye işçi mücadelesi tarihi açısından önemli olayların yaşandığı bir dönem oldu. Seksenler boyunca küçük çaplı mücadeleler devam etmekle birlikte, 1986'da Netaş isimli telekominikasyon hizmeti sunan ve telefon santrali üretimi yapan Kanada (Nordhern Electric)-Türkiye (PTT 'bir Kamu İktisadi Teşebbüsü') ortaklı bir firmada başlayan grev önemli bir deneyim olacaktı. 69'da kurulan firmada örgütlü sendika, sonradan şirket yönetimi tarafından kurulan Tek Met-İş isimli bir "işyeri sendikası", yani sendika bu işyerinde kurulmuş ve sadece burada işlev gören bir sendika idi. Sendikanın başında bir emekli polis bulunuyor ve patronun isteklerine uygun olarak üç yılda bir toplu iş sözleşmesi imzalatıyordu işçilere. Bunu iki kez uygulayabildi 1975'te işçiler sendikadan birer birer ayrıldı ve DİSK'e bağlı Maden-İş üyesi olmaya başladılar. Bunun üzerine 17 kişi işten çıkarıldı. İşten çıkarmaları protesto için 35 günlük bir direniş gerçekleşti. Kanada Nordhern Electric işçilerinin "24 bin işçi 24 saat dayanışma grevi" sloganıyla greve destek vermesi üzerine sendika değişimi tanındı.

1980 darbesinden sonra DİSK devlet tarafından kapatıldı ve işçiler Bağımsız Otomobil-İş sendikasına katıldılar. Toplu iş sözleşmesindeki anlaşmazlık sebebiyle 86'da tekrar greve çıkan işçilerin elinde 88 maddelik bir sözleşme taslağı da bulunuyordu. 3 bin 150 kişi 93 gün boyunca yasal sınırlamaları umursamadan grevine devam etti. Grev işçilerin maaşlarına %214 zam almaları ve Türkiye'de nadir görülen türden sosyal kazanımlar elde etmeleriyle sonuçlandı. Netaş grevinin, baskılara rağmen mücadelenin kazanımla sonuçlanabildiğini gösteren önemli bir deneyim olduğu ve '89 bahar eylemlerini tetiklediği söylenebilir.

2. Bahar Eylemleri

Bahar eylemleri, 600 bine yakın kamu işçisinin toplu sözleşme görüşmelerinden sonuç alamaması sebebiyle başladı. Eş zamanlı olarak Türkiye'nin pek çok bölgesinde işçiler '89 baharında eylemlere adını veren mevsim boyunca yoğun bir mücadeleye giriştiler. İlk günden itibaren hızla büyüyen eylemlere özel sektör çalışanlarının katılmasıyla birlikte Türkiye tarihinde onyıllardır görülmemiş bir mücadele başlamış oldu. İşçiler sadece kolluk güçleriyle ve hükümetle çarpışmak zorunda kalmıyor, aynı zamanda işçi çıkarlarına karşı tutuma sahip sendika yönetimiyle de çarpışıyordu. Merkez sağ burjuvaziye yakınlığıyla bilinen Türk-İş konfederasyonu yönetimi, eylemlerin büyümesinden korktuğu için eylemlerin başlamasından 16 gün sonra 22 sendika ve 478 bin işçi adına pasif direniş kararı aldı. İşçiler bu kararı tanımayarak direnişe devam etme konusunda ısrarcı olduklarını, iş yerlerinde komiteler ve meclisler kurarak ve birlikte hareket edebilecekleri bir ortam yaratarak gösterdiler. Askeri dikimevi işçileri, içki fabrikalarından işçiler, tersane işçileri ve daha pek çok sektörden kamu çalışanlarının yanı sıra özel sektör çalışanlarının da katıldığı bahar eylemlerine, toplamda 1,5 milyon civarı işçi katıldı.

Eylemlerin önüne geçemeyen hükümet masaya oturmak zorunda kaldı. Toplu sözleşme görüşmeleri esnasında %40 oranında zam teklifinde bulunan hükümet, eylemlerden sonra %140 oranında zam teklifinde bulunarak Türk-İş'in %70-80 arasındaki teklifinin dahi üzerinde bir teklif sunmuş oldu. Bahar eylemleri, iktidarı elinde bulunduran ANAP'ın ciddi anlamda oy kaybetmesine sebep olurken, Türk-İş yönetiminden 900 yöneticinin değişmesini de sağladı. Kamu işçilerinden memur statüsü ile çalışanların sendika kurma yasağı aşıldı; böylece memur statüsündeki kamu işçileri de sendikalar kurmaya başladılar. İşçi baharının ardından burjuvazinin işten çıkarma hücumu başladı. Sadece petrokimya ve lastik iş kollarında dahi 6 bin işçi eylemlere katılma gerekçesiyle işten çıkarıldı. Her şeye rağmen mücadele edip kazandıkça cesaretlenen işçiler, ulusalcı duyguların tekrar tetiklenmeye başlanacağı 1992 Körfez Savaşı'na kadar eylemlerine kesintili de olsa devam ettiler. Bu tarihle beraber yeniden eylemler yasaklandı ve özellikle kamu sektörü için mücadele alanı tekrar durgunlaşmaya başladı.

* * *

Türkiye'de 90'lı yıllar mafya devlet ilişkisinin açığa çıkmaya başladığı, askerin gelişmekte olan İslamcı oluşumları önlemek bahanesiyle siyasete müdahelelerde bulunduğu, Körfez Savaşı boyunca uygulanan ambargoların ekonomik krize kapı açmaya başladığı zamanlardı. Bu yıllar ayrıca Tayyip Erdoğan'ın partisi AKP'nin iktidarı alabilmesini sağlayan koşulların oluşmaya başladığı, İslami değerleri benimseyen milliyetçiler ve

Kemalist değerleri benimseyen ulusalcılar arasında gerginliğin belirginleştiği bir dönemdi. Darbe sonrasında bir getirilip bir kaldırılan üniversitelere başörtülü girme yasağı bu dönemde yaygın olarak uygulanmaya başlanılacaktı. Fetullah Gülen isimli tarikat liderinin devlete sızma çabalarına ilişkin kayıtların açığa çıkması üzerine, askeri gücü büyük oranda elinde tutan ulusalcı kanat pek çok kişiyi tarikat bağlantısı ve iltica ihtimali sebebiyle işten çıkardı. Yaşanan bu gibi olaylar en nihayetinde Erdoğan'ın ve partisinin ortaya çıkmasına ve güçlenerek iktidarı ele almasına yardımcı oldu.

90'lı yıllarda Türkiye gündemini sıkça işgal eden bir diğer olay Yunanistan'la yaşanan deniz sınırı sorunlarıydı. Ayrıca devletin Kürt illerinde gerçekleştirdiği katliamlar, PKK'nin başta yüzlerce öğretmen olmak üzere sivillere karşı saldırıları ve PKK lideri Abdullah Öcalan'ın 1999'da yakalanması da 90'lara damgasını vurdu. AİHM'e göre bu yıllarda Türkiye'de bine yakın kişi fail-i meçhul cinayetlere kurban gitti. Bütün bu işçi sınıfının sınıf mücadelesine katılmasını önlemek için kullanılan dini ve milli duyguların etkisine rağmen - ki aslında burjuvazinin farklı biçimlerde düzenli olarak kullandığı kitle kontrol araçlarıydı bunlar- 90'lar işçi sınıfı hareketi açısından tamamen sönük geçmedi.

90'lı yıllarda, bahar eylemlerinin ardından girişilen kamu işçilerinin sendikal mücadelelerinin ve KİT (Kamu İktisadi Teşebbüsleri) işçilerinin özelleştirme ve taşeronlaştırma karşıtı mücadelelerinin yanısıra, artan sanayi siteleri ve organize sanayi bölgelerindeki genç işçilerin işten çıkarmalara karşı ve sendika, sigorta, sekiz saatlik iş günü gibi haklar elde etmek amacıyla yaptıkları mücadeleler de yaşandı. 90'ların ilk yarısı grevde geçen iş günü sayısı açısından Türkiye işçi sınıfı mücadeleleri tarihinin en yoğun olduğu dönemdir. 1990-1991 tarihlerinde ortalama 160 binin üzerinde kişi legal grevlere katılmışken, 1995 yılında bu sayı 200 bine ulaşmıştı. Bu dönemde gerçekleşen grevlere milli güvenlik gerekçesiyle defalarca durdurma kararı çıkmış olmasına rağmen grevlerin bir kısmı sürdürülebildi. Kamu işçilerinin sendikalı olma mücadelesi devam ederken, kurulan kamu sendikaları bir bir kapatılıyor, sendika binalarına mühürler vuruluyordu. Bu mücadelelerin sonucunda 1995 tarihinde KESK (Kamu Emekçileri Sendikaları Konfederasyonu) kuruldu. İşçiler bahar eylemleri taleplerini sürdürüyor, toplu sözleşmenin işleme konması için eylemlerine devam ediyordu; fakat devlet sözleşmelerin imzalanmasına yanaşmıyordu.

3. Büyük Madenci Yürüyüşü

4-8 Ocak 1991'de gerçekleşen yürüyüş Türkiye işçi sınıfı için doksanların en önemli olaylarından biri oldu. 1848'den beri maden çıkarılan bölgede, kuruluşundan beri bazı hareketlilikler gözlenmiş olsa bile 91'deki eylemler kadar kitleseli görülmemiştir. Seksenli yıllardan beri artan devlet kurumlarının özelleştirilmesi eğilimi seksenlerin ikinci yarısında madenlere de uygulanmak istenmiş, kurumların kar edemeyen durumda olduğunu söyleyen devlet yöneticileri bölgedeki pek çok maden damarını kapatmaya başlamıştı. Bu durum işçilerin iddiasına göre özelleştirme için sadece bir bahaneydi.

1990 yılında diğer pek çok kamu sektörü ile birlikte maden sektörü de Türk-İş'e bağlı Genel Maden-İş sendikası ile toplu sözleşme imzalamak amacıyla masaya oturmuş, hükümetin talepleri reddetmesi üzerine süreç sonlanmıştı. Genel Maden-İş'in önerisi 2.5 milyon lira maaş ve 85 bin lira yevmiye iken, devletin teklifi 1.2 milyon lira maaş ve 64 bin lira yevmiye olmuştu. Sonucun öğrenilmesiyle Türk-İş genel başkanının istememesine rağmen 30 Kasım 1991'de grev kararı alındı ve yürüyüşün başlayacağı 4 Ocak tarihine kadar Zonguldak ve çevre illerden 50 bine yakın madenci greve katıldı. 3 Ocak'ta yapılan görüşmelerden sonuç çıkmayınca Türk-İş, tabanın ısrarı sebebiyle bir günlük genel grev kararı aldı. Bu 1980 askeri darbesinden beri Türk-İş'in ilan ettiği ilk işe gitmeme kararıydı. Türkiye'nin neredeyse tamamının kömürle ısındığı ve sanayide de aktif olarak kömürün kullanıldığı bir dönemde önemli bir maden bölgesinin işlevsiz kalması hükümeti ithal kömür almaya itti; ama Avustralya ve Güney Afrika'da kömür yüklemekle görevli liman işçilerinin grevden haberdar olunca kömür yüklemeyi reddetmesi üzerine gemiler boş döndü. Genel grevin sürdürülebilmesi için başkent Ankara'ya gitme konusunda uzlaşan işçiler, İstanbul'dan gelecek 1150 otobüsün engellenmesi üzerine 300 km'lik yolu yürüme kararı aldı. 48 bin işçi ve onlarla yürüyüşe katılmak isteyen yakınları (kadınların gelmemesini söyleyen sendika lideri Şemsi Denizer'e rağmen katılan akrabalardır çoğu) 4 Ocak'ta harekete geçti. Yol boyunca eklenen kalabalıkla birlikte 100 bin kişiyi bulan yürüyüş alayı, çetin kış şartlarında konaklaya konaklaya ilerledi. Yolda düzenli olarak polis ve jandarma müdahelesi ile karşılaşan işçiler, bazı bölgelerde ise ücretsiz yiyecek ve içeceklerle karşılandı. Grev kararından beri alanlarda Genel Maden-İş Başkanı Denizer'in, her şeyi kendine mal eden coşkulu konuşmalar yaparken bir yandan da işçileri dönmeye ikna etme çabası, hem grev boyunca hem de yürüyüşte göze çarpıyordu. (Sonraları hatırlı dostlar ve küçük bir servet edinen bu zat, bir grup tarafından büyük grev lideri, diğer bir grup tarafındansa madenci direnişinin katili olarak anılacaktır ve eski koruması tarafından öldürülecektir).

Madenci yürüyüşünün sona ermesine sebep olan süreç şu şekilde vuku buldu: Yürüyüşün ikinci günü devlet yetkilileriyle görüşmek üzere kişisel aracıyla kimseye haber vermeden Bolu'ya giden Denizer, işçilere Bolu'dan onu beklemelerinin haberini gönderdi. Hükümetin görüşmelere devam şartı olarak öne sürdüğü şey "eylemin sonlanması" oldu. Üçüncü gün sendika bürokratları toplandı ve toplantının ardından Denizer işçilere devletin şartını açıkladı. İşçiler yürüyüşe devam etmekte kararlıydı. Devlet, Türk-İş eliyle yapamadığını kolluk güçleriyle daha sert bir biçimde yapmaya karar vermişti anlaşılan: İş makinaları, panzerler, kolluk kuvvetleri ve barikatlarla işçilerin yürüyüşü engellendi. İşçiler uykudayken harekete geçen polis 201 işçiyi gözaltına aldı. Durumu öğrenen işçiler harekete geçmek istediyse de Türk-İş bürokrasisi ve destekçileri tarafından engellendiler. 8 Ocak'ta Denizer 'grevin bittiğini ve geri dönmelerini' söyledi işçilere. Geri dönmeyi reddeden işçilerin bir kısmı "Ölmek var, dönmek yok!" sloganıyla cevap verdi. Denizer'in cevabı "Kışkırtıcılar seslerini kessin!" oldu.

İşçiler yürüyüşü görüşmelerin devam etmesi şartıyla sonlandırdı fakat Denizer'in yaptığı görüşmeler sonuçsuz kaldı. Hükümet körfez savaşını bahane ederek içlerinde maden işçilerinin de yer aldığı toplam 120 bin işçinin grevini 60 gün süreyle erteledi. 6 Şubat'ta beklenen toplu sözleşme yapıldı. Devletin başta önerdiğinin dahi altında bir rakam için hükümet ve sendika anlaştı. Maaşın 1.1 milyon lira olması ve 49 bin lira yevmiye verilmesi kararlaştırıldı ve çalışma koşullarının iyileştirilmesi de sağlanamadı. Üstüne bir de greve ve yürüyüşe katılan, mücadeleye devam etmek isteyen yüzlerce işçi işten çıkarıldı. Yenilginin sonucunda 1992 yılında Zonguldak'ta büyük bir patlama gerçekleşti ve 263 işçi hayatını kaybetti. Yangın günlerce söndürülemedi ve çevrede tahribata yol açtı.

4. 1994 - 95 Mitingleri

1994 - 95 yılları Türkiye için krizin derinleştiği bir dönemdi. Enflasyon %150 oranına dayanmış, zamlar işçilerin yaşam şartlarını ileri düzeyde kötüleştirmişti. Dönemin Tansu Çiller hükümeti sermayenin çıkarlarını korumaya yönelik 5 Nisan Kararları olarak anılan yasal düzenlemeyi ortaya attı. Özelleştirmeleri artırmak, yeni vergiler ve KİT ürünlerine zamlar bu paketin bir parçasıydı. Bunun üzerine Türk-İş'in çağrısıyla Ankara'da bir dizi miting yapıldı. 94'te gerçekleşen mitinglerin ardından bir yıl sonra toplu sözleşme için kamu işçileri ve patron hükümet yine karşı karşıyaydı. Hükümetin önerisi ciddi hak kayıplarını ve enflasyon oranlarının çok altında bir zammı kapsıyordu. Bütün bunlar işçiler için bardağı taşıran son damla oldu ve 5 Ağustos 1995'te 'Emeğe Saygı Yürüyüşü' adı altında bir yürüyüş gerçekleşti. Devletin Kızılay Meydanı'nı kapatmasına rağmen 200 bin kişinin yürümeye devam etmesi ve meydanı doldurması, sonrasında işyeri eylemlerini de doğurdu. 8 Ağustos günü ise pek çok iş yerinde işe gidip işbaşı yapmama ve gece işyerinde kalma gibi eylemler gerçekleşti. Eylemlerin ardından görüşmeler sürdü ama yine sonuç alınamadı. Bunun üzerine 8 Eylül günü tarım işçilerinin grevi başladı. Grevler farklı iş kollarında sonraki günlerde de devam etti. 20 Eylül'de Türk-İş'e bağlı 160 bin işçinin çalıştığı iş yerlerinde grevler başladı. 15

Ekim'de yine bir yürüyüş gerçekleşti. Engellemelere rağmen on binlerce kişi alanları doldurdu. Eylemler Tansu Çiller hükümetinin düşmesine katkıda bulundu. Ancak işçi sınıfının toplu sözleşme şartları ve diğer talepleri kazanımla sonuçlanmadı.

5. Ünaldı Direnişi:

Gaziantep ilinde Ünaldı Dokuma Sanayii Sitesi'nde 1996 yılında 20 bin sendikasız ve kötü koşullarda çalışan işçinin ibretlik mücadelesi aslında işçiler kararlı olurlarsa neler elde edileceğinin güzel bir örneğidir. Direnişe geçmeden önce işçilerin koşullarından kısaca söz edelim: Dokuma İşçileri Derneği'nin 96'da yaptığı ankete göre 543 işyerindeki yaklaşık 20 bin işçiden sadece 1019'u sigortalıdır. Bu sigorta ise patronların ruhsat alabilmek için bazı kıdemli yaşlı işçileri ve ustabaşıları aylık 5-10 günlüğüne sigortalı göstermesinden ibarettir. İşletmelerde çalışan işçilerin %40'ı çocuk işçiydi ve çoğunluğu 9-10 yaşlarındaydı. Çocuk işçiler günde 16 saate varan çalışma süreleri boyunca 50 kiloya yakın çuvalları taşımak, tuvaletleri temizlemek, iplik sarmak gibi işlerde çalıştırılıyordu. Halı başına ücret alınan bu işletmelerde işçiler gece gündüz neredeyse uyumadan çalışıyorlardı. Bazı işletmelerde tuvalet bile yoktu ve işçiler yakınlardaki bir camiye yürümek zorunda kalıyordu. Ayrıca bölgede sağlık ocağı da bulunmuyordu. Makinalar yüzünden parmağı kopan, gözü kör olan, hatta ölen işçiler oluyordu ve bu olaylar bölgede normalleşmiş durumdaydı. İşçiler sıklıkla tezgah başında uyumak zorunda kalıyordu; ayrıca yıllık ve haftalık izinleri de yoktu. Ağır yoksulluk koşullarında, açlık sınırında bir yaşam standardı için soluk almadan çalışan 20 bini aşkın Ünaldı işçisi... Bu can yakıcı tablo 90'lı yıllarda Türkiye genelinde pek çok sanayi sitesinde ve atölye tipi iş yerlerinde görülebiliyordu.

1996'da gerçekleşen direnişi anlatmadan önce bu direnişe giden süreci anlatmakta yarar var: Bahar eylemlerinin yarattığı etkiyle Gaziantep iplikçileri ve dokumacıları arasında 92'den itibaren bir hareketlilik ortaya çıktı. 1993 yılında zam talebiyle 8-10 fabrikada örgütlenen dokuma işçileri greve başladı ve bir zaman sonra grev bütün Ünaldı'ya sıçradı. İki gün süren direnişin ardından %52 zam talebiyle patronlarla görüşen ustabaşıların bu talebi kabul edilse de, işçiler zammı yetersiz bularak grevi sonlandırmadı ve eyleme devam etti. İlk kez grevin sonunda işçiler kendi içlerinden temsilciler seçerek patronla görüşmeye yolladı ve %96 zam aldılar. Bununla beraber süreç boyunca polis saldırılarına maruz kalan işçilerin bir kısmı gözaltında tutulduğu için işçiler gözaltındaki arkadaşları serbest kalmadan işbaşı yapmayı reddettiler. Greve katılan işçilerin bir kısmı 1994'te bir dernek kurma girişiminde bulundu ve 95'te dernek resmen kuruldu. Dokuma İşçileri Derneği bütün Ünaldı işçileri adına toplu sözleşme imzalamaya başladı. 96'ya gelindiğinde ise patronlar toplu sözleşme maddelerine aykırı davranışlarda bulunarak kazanılan hakları gaspa kalkıştı. Bunun üzerine işçiler tekrar greve çıkmayı konuşmaya başlarlar.

Gaziantep'in 13 mahallesinde 600 işletmenin 540'ında gerçekleşen direniş 30 gün sürdü. 30 Temmuz'da tüm işverenler başta sigorta hakkı, %100'e yakın zam, cumartesi saat 23'ten sonra ve pazar günü mesaileri için 2 katı ücret, yıllık izin ve bayram ikramiyesi gibi talepleri kabul ederek sözleşmeyi imzaladı. Grevden önce işçilerin %5'i sigortalıyken grevden sonra %70'e yakını sigortalı oldu. Bu kazanımlara rağmen sorunlar sona ermedi. İşçiler mücadelenin sürekliliğini sağlamak için örgütlenmeye ihtiyaç duyduklarından sendikaya girmeye karar verdiler. DİSK'e başvurdular ama olumlu cevap alamadılar. Bunun üzerine Türk-İş'e bağlı TEKSİF sendikasına katılmaya karar verdiler. Ünaldı sitesindeki işyerlerinin organize sanayi bölgesine taşınmaya başlaması sonucu iş yerleri arasındaki bağlantıyı sürdürmekte zorlanmaları ve TEKSİF'in işçileri sendikaya alma şartı olarak öne sürmesi sebebiyle Dokuma İşçileri Derneği kapatıldı. 97'de TEKSİF Ünaldı'da bir irtibat bürosu açtı ama toplu sözleşme yapamadı. İşçilerin sendikaya inancı kalmadı ve örgütlülük dağıldı.

Sonraki yıllarda patronlar zam yapmayarak ve hak ihlallerinde bulunarak işçilerin durumunun günbegün kötüye gitmesini sağladılar. 90'ların sonunda ve 2000'lerin başında organize sanayi bölgelerinin ve tekstil alanında makinalaşmanın arttığı bir süreç başladı. Bunun karşılığında işçi sayısında azalmaya giden firmalar, çalışma saatlerini ve üretim oranlarını yükseltmeye başladı. İş kazaları ve işçi ölümlerinin de arkası kesilmedi. İşçiler her ay birkaç iş kazası haberi aldıklarını, hatta ölümler olabildiğini söylüyorlar. Ünaldı direnişi bölgedeki işçilerde olumlu etkiler bıraktı: Gaziantep tekstil sektöründe 98'de Sanko'da, 2010'da Çemen Tekstil'de, 2012'de Başpınar'da yaşanan direnişlere ilham verdi. Bugün Ünaldı'da işçilerin sigortasının olması, yıllık izne sahip olmaları ve görece daha kısa süreler çalışmaları Ünaldı Direnişi'nin geleceğe kalan kazanımlarıdır.

II. Kısaca 2000'li Yıllar Türkiye'si ve Sınıf Mücadelesi

2000'li yılların başında Türkiye, ekonomik krizi sert bir biçimde hisseden, İslami ve milliyetçi söylemlerin güç kazandığı bir durumdaydı. 2002 yılında yapılan seçimlerle iktidara gelen muhafazakar AKP hükümeti bu güne değin yönetimi elinde bulundurarak Türkiye tarihinin tek partili dönemden sonra en uzun iktidarı haline geldi. Ekonomik krizi bitirme vaadiyle yönetime gelen Erdoğan ve ekibi bir süreliğine krizin etkilerini burjuvazi açısından azaltsa da, bu dönem işçi sınıfı açısından hak kayıplarının ve baskıların devam ettiği bir dönem oldu. 2000'li yılların ilk on yıllık diliminde ekonomide büyüme gözlemlenmekle birlikte büyümenin kısa vadeli müdahelelerle gerçekleştiğini, inşaat sektörünün geliştirilmesine yönelik çalışmalarla krizi erteler nitelikte olduğunu, 2000'lerin ikinci on yıllık diliminde ise sönen inşaat balonu ile birlikte Türkiye'nin yeniden krize sürüklendiğini görüyoruz. Son yirmi yılın Türkiye işçi sınıfı durumuna gelince, işsizlikte artış, sınıf mücadelesinde düşüş, alım gücünde ciddi gerileme, kazanılan hakların kaybı, fişleme ve işten çıkarmalarda artış göze çarpıyor. Kısacası işçiler için iç karartıcı bir süreç söz konusu. Ayrıca burjuva siyaseti açısından gergin bir döneme giren Türkiye'de son yirmi yılda; Suriye'de savaş, Fetullah Gülen'in destekçilerinin gerçekleştirmeye çalıştığı darbe girişimi, OHAL, muhalif gruplara baskılar, düşünce suçu kaynaklı gözaltı ve tutuklamalarda rekorlar, bütün devlet kurumlarında muhaliflerin tasfiyesi süreci ve adam kayırma ile göreve almalarda rekor artış gibi saldırgan bir dış ve iç siyasetin yürütüldüğü bir durum söz konusudur. Buna ek olarak AKP hükümeti, PKK'yle masaya oturmuş, fakat Öcalan'ın tüm çabalarına rağmen bu ilişki uzun erimli olmamış ve yerini Türkiye ve Suriye Kürdistanı'nda önceki hükümetleri aratmayacak bir savaş politikasına bırakmıştır.

AKP DÖNEMİNDE GREV ERTELEMELERİ (YASAKLAMALARI) 2003-2018

192 Bin İşçinin Grevi Yasaklandı

Yıl	İşyeri/İşletme	Gerekçe	İşçi Sayısı	Sendika	İşkolu
2003	Petlas A.Ş.	MG	350	Petrol-İş	Lastik
2003	Şişecam	MG	5.000	Kristal-İş	Cam
2004	Şişecam	GS+MG	5.000	Kristal-İş	Cam
2004	Pirelli, Good Year, Brisa	MG	5.000	Lastik-İş	Lastik
2005	Erdemir Madencilik AŞ	MG	400	T. Maden-İş	Maden
2014	Şişecam	MG	5.800	Kristal-İş	Cam
2014	Çayırhan ve Çöllolar Kömür İşl.	GS+MG	1.500	T. Maden-İş	Maden
2015	MESS Grup TİS	MG	15.000	Birleşik Metal-İş	Metal
2017	Asil Çelik	MG	600	Birleşik Metal-İş	Metal
2017	EMİS Grup TİS Kapsamı	MG	2.200	Birleşik Metal-İş	Metal
2017	Akbank	EFİ	14.000	Banksis	Bankacılık
2017	Şişecam	MG	6.500	Kristal-İş	Cam
2017	Mefar İlaç	GS	500	Petrol-İş	İlaç
2018	MESS Grup TİS	MG	130.000	Türk Metal, Birleşik Metal-İş Çelik-İş	Metal

Grev Erteleme Kararname Sayısı: 14 Erteleme Kapsamındaki İşçi Sayısı: 191.850

Kısaltmalar: MG-Milli Güvenlik, GS-Genel Sağlık, EFİ-Ekonomik ve Finansal İstikrar, TİS-Toplu İş Sözleşmesi

Hazırlayan: Aziz ÇELİK

Doksanlı yılların ikinci yarısında sınıf mücadelesinde durgunluğun yaşanmaya başladığını, 2000'li yıllarda ise devam ettiğini aşağıdaki greve katılan işçi sayısı tablosunda görebiliriz. Bu tablo tabii ki sendikalı işçilerin yasal süreçleri takip ederek yaptıkları grevleri kapsıyor. Tabloyu Türkiye'deki işçilerin %90'ının (2013-2017 verilerinden yola çıkarak hesaplanan oran) sendikasız olduğunu akılda bulundurarak incelemek gerekir. Her zaman olduğu gibi grev kapsamı dışında kalan mücadeleler de yaşanıyor ama bunların istatistiksel verilerine ulaşmak oldukça zor ve biliniyor ki bu tarz eylemler 50 bin kişinin çok altında katılım oranlarına sahip.

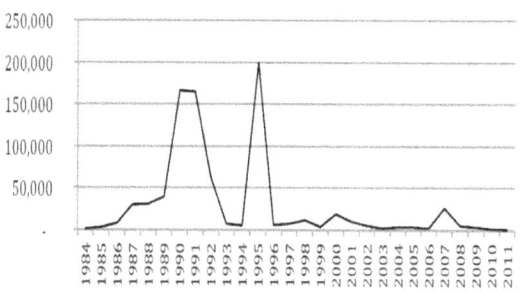

Kaynak: Çalışma Hayatı İstatistikleri'nden hazırlanmıştır (ÇSGB, 1996; 2003; 2011; 2012; http://www.csgb.gov.tr/csgbPortal/csgb.portal?page=istatistik)

Son yirmi yılın mücadele ortamına genel olarak bakacak olursak kamu çalışanlarının greve çok daha az katıldığını görürüz. Bunun başlıca sebebi elbette mücadeleye yönelen kesimlerin askeri darbe teşebbüsü ve OHAL bahane edilerek terörist olarak yaftalanmaları, işten çıkarılmaları, fişlenmeleri, meslekten men edilmeleri ve hatta tutuklanabilmeleridir. Bu durumlar patronu doğrudan devlet olan işçi kesimleri için büyük bir korku alanı yaratmıştır. Artan işsizlik sebebiyle iş bulmanın çok daha zor hale gelmiş olması ve devlet kurumlarındaki işlerin onca hak kaybına rağmen hala özel sektöre kıyasla tercih edilir işler olmaları, kamu çalışanlarının mücadele alanlarından çekilmesine sebep olan faktörler arasındadır. Ayrıca özelleştirmelerin artması kamu çalışanı sayısını oldukça azaltmıştır.

2000'lerde özellikle milli güvenlik bahane edilerek pek çok grev ertelendi. 2003-2018 yılları arasında 192 bin işçinin grevi yasaklandı. 2018 yılına kadar ertelenen grevlerin bir listesi aşağıdaki tablodadır:

1. Torba Yasalara ve Eğitim Yasasına Karşı Tepkiler:

2000'lerin ilk yirmi yılına damgasını vuran en önemli meselelerden biri radikal yasal değişikliklerdi. Çıkarılan torba yasalarla zaten çok da iyi çalışma şartlarına sahip olmayan işçilerin hakları daha yoğun olarak gasp edildi. Bu yasaların paket halinde sunuluşu işçilerin pek çoğu açısından kafa karışıklığı yarattı ve sendikalı işçiler dışında torba yasaya karşı ciddi bir direniş gerçekleşmedi. En büyük torba yasa eylemlerinden biri 2011 yılında solcu sendika ve meslek örgütleri tarafından düzenlendi. Polisin sert müdahalesine rağmen pek çok ilde gerçekleştirilen kitlesel eylemler kazanımla sonuçlanamadı.

Devletin bir diğer tepki çeken yasal düzenlemesi eğitim alanındaydı. 2012 yılında yasa tasarısının sunulmasıyla birlikte tasarıya karşı KESK'e bağlı Eğitim-Sen'in başını çektiği eylemler başladı. Eğitim sisteminde köklü değişime gitmek isteyen AKP hükümetinin 4+4+4 diye formülize ettiği bu sistemle ilkokul seviyesi beş yıldan dört yıla düştü, okula başlama yaşı düşürüldü, derslerin ağırlıkları değiştirildi ve eğitim sisteminde başka pek çok değişiklik yapıldı. Bu değişim altyapı problemleri sebebiyle kötü sonuçlar verdi: Eskiden okula 72 ayı dolduran çocuklar başlarken 60 – 83 ay arası çocuklar okula alınmaya başlayınca öğrenci sayısı %50'den fazla arttı. Bu artışı kaldırabilecek uygun sınıflar olmadığından hem öğretmen hem de çocuklar için sağlıksız sınıf ortamları oluştu. İmam Hatip liselerinde ciddi artış gerçekleşti ve dindar nesil yetiştirme ajandası bütün yasal değişikliğe yedirildi. Kız çocuklarının ilkokuldan sonra eğitime devam etmeme oranı geçmiş yıllardaki oranların iki katını geçti. Dışardan eğitime devam etmenin önü açıldı. Bu durum özellikle kızlar için eve kapatılmak ve erken yaşta evlendirilmek anlamına geliyordu.

İlkokulun 4 yıla düşürülmesi sonucu pek çok sınıf öğretmeni işsiz kaldı ve sonraki yıllarda öğretmen alımları çok büyük oranda düştü. Özel okulların yaygınlaştırılması için verilen teşvikler sebebiyle yeni özel okullar birbiri ardına açıldı. Bu okullar yüksek fiyatlarıyla ve öğretmenlerin maaşlarını aylarca ödememeleriyle dikkat çekti. Bu durum 2019'da prestijli Doğa Koleji okullarında öğretmenlerin greve gitmesine neden oldu. Özel okullarda öğretmenler sadece maaş sorunu çekmiyor; uzun saatler boyunca esnek çalışma koşullarında çalışan işçiler, mobinge de maruz kalıyor. Ayrıca hem devlet okullarında hem de özel okullarda katı bir performans sistemi uygulanmaya başlandı. Bu sistem özellikle sözleşmeli ve vekil öğretmenler için yersiz yere işten çıkarmanın gerekçesi olarak kullanıldı. İşçiler okul müdürlerinin her türlü baskı ve zorlamasına açık hale geldiler. Siyasi görüşleri sebebiyle okul yönetimi tarafından fişlenen pek çok öğretmen işten çıkarıldı. Temmuz 2018 verilerine göre FETÖ darbe girişimi bahane edilerek kanun hükmünde kararname (KHK) ile işten çıkarılan 18 bin 632 kamu işçisi arasında çok sayıda öğretmen de yer alıyordu. Türkiye'de her yıl 1 milyonun üzerinde öğretmen zor bir eleme sınavı olan KPSS'ye girerek atanabilmeyi umuyor. Başvuranların çoğunluğu ise atanamıyor. 2022 senesinde işsiz öğretmen sayısının 1 milyonu bulacağı tahmin ediliyor. Her yıl atama zamanı gazetelerde atanamayıp intihar eden pek çok öğretmenin haberleri yer alıyor.

2. SEKA ve Pasabahçe Grevleri:

SEKA kağıt fabrikasında 2005 yılında gerçekleşen grev 51 gün sürdü. Grevin başlamasına sebep olansa SEKA İzmit fabrikasının kapanmasıydı. Kendilerini fabrikaya kapatarak eylem yapmaya başlayan 750 Türk-İş üyesi işçiye dışardan da kitlesel destek vardı. Buna karşın işçiler sendikanın yönlendirmesiyle kimseyi içeri almamak gibi bir uygulamaya geçtiler. Özellikle komünizm veya sosyalizm kelimelerini slogan veya pankartlarında kullananlara karşı cephe alan bir davranış gözlemlenebiliyordu. İşçiler aşırı sağ için önem taşıyan Mehter Marşı gibi milliyetçi sözlere sahip marşları uyarlayarak söylüyordu. 51 günün sonunda isteyen işçilerin Kocaeli Belediyesi bünyesinde bir yıl sözleşmeli olarak işe alınmasına, bunu istemeyenlerin ise sekiz ay daha çalışıp işten çıkarılmasına karar verildi. İşçiler bunu ezici oy çoğunluğuyla kabul etti ve eylem sonlandı.

Eylemin diğer eylemlere oranla çok dikkat çekmesinin başlıca sebebi fabrikanın tarihidir. 1936'da kurulan SEKA, Türkiye'de kağıdın hammaddesi olan selüloz üretiminin yapıldığı tek işletmedir ve aslında Türkiye'de devlet kurumları ve özel sektörde yaygın olan devletin en üst kademelerinden kişilerin dahi açık bir şekilde katıldığı, yıllarca süregelen yolsuzluklar, adam kayırmalar ve kötü idare sonucu kapanmıştır. Bina 2016 yılından bu yana müze olarak kullanılmaktadır.

2005 direnişi SEKA için bir ilk değildi: 1988 yılında 133 günlük bir grev gerçekleştiren SEKA işçileri sonunda zamlarını alabilmişti. Bu grev devlet tarafından ithal kağıt alımının gerekçesi olarak gösterilmiş, sonraki yıllarda selüloz üretimi durmuş, pek çok işçi dönem dönem gruplar halinde işten çıkarılmıştı. 2005 SEKA grevi öncesinde, 2002'de Paşabahçe cam ve porselen fabrikasından Türk İş'in Kristal İş sendikasına üye 875 işçinin direnişi de gündeme gelen direnişler arasında yer aldı. 1935 yılında Paşabahçe'nin kuruluşundan beri işçiler, irili ufaklı pek çok eylem gerçekleştirmiş ve Türkiye işçi sınıfı tarihi açısından önemsenen bir geleneğe sahip olumşlardı. Bahsettiklerimize benzer veya daha küçük pek çok ufak çaplı eylemin ortak noktaları şunlardı: Rejim sendikası yöneticilerinin sınıf mücadelesi ve dayanışma karşıtı yönlendirmeleri, milliyetçi söylemlerin grevciler arasında ön plana çıkması veya milli çıkarlar bahane edilerek grev durdurmalar, direnişlerin bir firma veya bir iş koluna sıkışması ve çoğunlukla kayıpla sonuçlanması.

3. Türk Telekom Grevi

16 Ekim 2007 tarihinde TT yönetimi ve Türk-İş'e bağlı Haber-İş sendikasının masaya oturduğu toplu sözleşme görüşmelerinde yaşanan anlaşmazlık sebebiyle 26 bin haberleşme işçisi greve başladı. Türk Telekom tarihinde ilk kez greve çıkan işçiler 44 gün boyunca direnişlerini sürdürdü. Grev boyunca Türk Telekom'un iddiasına göre 400'ü aşkın sabotaj gerçekleşti. Saldırıların daha çok telefon hatlarını kesmek ve saha dolaplarına zarar vermek şeklinde gerçekleştiği iddia edilmiş, işçiler ve sendika iddiaları reddetmişti. Grev süresince polis ve grev kırıcı işçiler tarafından fiziksel saldırılara uğrayan, burjuva siyasetçileri tarafından Kürdistan'da gerçekleşen çatışmalar bahane edilerek grev yaptıkları için vatan hainliği ile suçlanan işçiler; sendika liderlerinin milliyetçi tutum takınarak zor günlerde ülkeyi zora sokmamak için grevi bitirmenin tercih edildiğini dile getirdiği konuşmalar yapmasına rağmen direnişlerini sürdürmüşler ve en nihayetinde sendikanın patronla anlaşmasıyla grevi sonlandırmışlardır.

Grev boyunca Türk Telekom taşeron işçileri işe alarak grev kırıcı olarak çalıştırdı. İşçiler grevdeyken grev kırıcıların işe alınması kanunen yasak olduğundan sendika TT yönetimine dava açtı. Grev kırıcı taşeron işçilerine ve sendikasız işçilere KESK'e bağlı Haber-Sen, Elektrik Mühendisleri Odası (EMO) ve Maden Mühendisleri Odası

(MMO) tarafından bildiriler dağıtıldı ve direnişe destek istendi. Türkiye'nin dört bir yanında gerçekleşen greve maden, sağlık, tersane, tekstil gibi başka iş kollarında çalışan işçiler ve işçilerin aileleri tarafından da basın açıklaması, destek ziyareti gibi dayanışma eylemleri gerçekleştirildi ve direnişteki işçilerin ihtiyaçlarını karşılamak için para toplama kampanyaları düzenlendi. Ayrıca öğrencilerden, akademisyenlerden ve muhalif burjuva partileri siyasetçilerinden de destek belirten açıklamalar geldi. Süreç içerisinde 7 işçi işten çıkarıldı ve pek çok işçi ve destekçi gözaltına alındı. Valiliklerden taşeron firmalardan grev kırıcıların devreye sokulmasını salık veren emirler geldiğinin açığa çıkması ve medyanın işçileri canavarlaştıran yaklaşımı grev süresince çok konuşulan meselelerdendi. İşçiler süreç boyunca grev kırıcıların iş yerlerine girişini engellemeye çalıştılar, bazen de müşterileri içeri almama gibi uygulamalarda bulundular. TT yöneticileri ise polis çağırarak ve tehditkar açıklamalar yaparak işçilere karşılık verdi. TT yönetimi, lösemi hastası çocuğu olan bir işçiye grevi kırması karşılığında çocuğunu tedavi ettireceğini, aksi taktirde hastane yol masraflarını karşılayan şirketin bu parayı ödemeye devam etmeyeceğini söyleyecek kadar ileri gitti.

Grev kararından önce sendika tarafından önerilen toplu sözleşme şartları şunlardı: İlk yıl için %19; ikinci yıl ilk altı ay için %5 ücret artışı ve enflasyon farkı, ikinci altı ay için %5 artış ile enflasyon farkı oranında ücret artışı. Türk telekom'un işçiler tarafından kabul edilmeyen teklifi ise şöyle: İlk yıl için %4 artış ve sosyal yardımlarda %4 artış; ikinci yılda birinci ve ikinci aylarda %4'er ücret artışı. Anlaşma sonucu imzalanan sözleşmede belirtilen rakamlar ise orta yolu bulan nitelikteydi: İlk yıl %10, ikinci yıl %6.5 ücret artışı ve enflasyon oranında zam, grevde geçen süre için Kurban Bayramı öncesi 200 TL ikramiye, sosyal yardımlarda ücret artışı oranında artış, işten çıkarılan işçilerin işe geri alınması. 1 milyon 100 bin iş günü kaybına sebep olan direniş, 91'den beri Türkiye'de yaşanan en büyük iş günü kaybına sahip grev olarak tarihe geçti. Direniş boyunca, ücret artışı için mücadelenin yanı sıra sendikalı olma hakkı, greve çıkabilme hakkı gibi haklar için de mücadele edildi. Grevlerin düzenli olarak yasaklanmaya devam ettiği bir dönemde, işçilerin vatan hainliği söylemlerine pabuç bırakmayarak greve çıkmış olması; sendikasız işçilere biraz daha fazla maaş vererek işçileri sendikasızlaştırmaya çalışan Türk Telekom'a, sendikanın iş yerinden silinmeyeceğinin gösterilmesi direnişin önemli noktalarındandır. Tabii en nihayetinde yapılan anlaşma ve sendika ve patronların sonuçtan memnun olduklarına dair uzlaşmacı açıklamaları göstermektedir ki aslında direniş kazanımdan çok uzlaşmayla sonuçlanmış, TT yönetimi sendikayı saf dışı bırakamamış olsa da onunla ortak bir anlaşma zemini bulmuştu.

Son olarak dönemin pek çok direnişini başlamadan sonlandıran milli söylemin bu grevde nasıl şekillendiğine bir bakalım: TT'nin %60 hissesi yabancı bir sermaye grubuna yakın tarihte özelleştirmek suretiyle satılmıştı ve bu sermaye grubunun CEO'su Paul Doany Türk Telekom işletmesinin temsilcisi olarak işçiler tarafından muhatap alınmıştı. TT işçilerinin bazı röportajlarında devletin yabancıları söz sahibi kılmasına tepki gösteren ve devletin muhatapları olmasını isteyen bir yaklaşım görülüyor. Belki TT örneğinde yaşam koşullarıyla ilgili sorunların yanı sıra işçilerin harekete geçmesinde böylesi bir motivasyon da bulunmuş olabilir. Zaten bir rejim sendikası olan Türk İş ve üye sendikalarının hepsi tarihleri boyunca milliyetçi bir çizgi savunmuşlardır ve geçmişe bakıldığında Türkiye işçi sınıfının yaygın şekilde milliyetçi söylemlere kapıldığı görülmektedir. Bu meselenin TT üzerinden tartışılmasının en büyük sebebi ise milli birlik çağrısının yapıldığı o günlerde aynı koşullara sahip diğer işletmelerde Türk patronlara karşı bir direniş gelişmiyor ve sendika liderleri konuşmalarında yabancı düşmanlığı ve milliyetçilik öğelerini vatan hainliği yaftasından kurtulmak isteğiyle her zamankinden fazla kullanıyor; üstelik konuşmalar işçilerde karşılık bulabiliyordu. Bu durum Türkiye işçi sınıfının büyük bir zayıflığıdır ve Türkiye'de sınıf mücadelesinin güçsüz olmasının önemli bir sebebidir.

4. Tekel Direnişi

14 Aralık 2009 tarihinde Türkiye'nin dört bir yanındaki Tekel fabrikalarından 10 bin civarında işçi Ankara'da bir araya geldi. Direnişin başlama sebebi devletin özelleştirmek istediği, devlete bağlı işletmelerde çalışanların büyük kısmını kapsayan bir yasal düzenlemeye gitmiş olmasıydı. Bu yasal düzenleme, özelleştirmeler arttıkça işten çıkarılacak işçi sayısının da artması sonucu yaşanabilecek tepkilerin önüne geçmek için tasarladıkları bir aldatmacaydı. Ciddi hak kayıplarına sebep olan 4-C statüsü işçilerin maaşlarının azaltılması, eski çalışma alanları veya uzmanlık alanlarıyla alakasız işlere kaydırılması, çalışma saatlerinin yöneticilerin keyfine bırakılması, keyfi işten çıkarmaların önünün açılması, işçilerin sosyal güvenlik priminin ödenmememesinden dolayı sağlık hizmetlerinden yararlanamaması ve daha pek çok hak kaybını içeriyordu. Üstelik işçilerin işe alımında yılda çalıştırılacakları süre 3-10 ay arasında bir süre olarak belirleniyor ve çalışılmayan ayların ücretleri ödenmiyordu. Bütün bunlar yetmezmiş gibi işçilerin çalıştıkları süre zarfında başka bir işte çalışmaları da yasaktı. Yani sözleşme gereği bir kuruma gönderilen bir işçi çok daha düşük bir ücrete patronun emrettiği saatlerde ve koşullarda üç ay çalıştırılıp ücretsiz olarak beklemeye alındığında dahi işçinin o yıl içerisinde başka bir işe girip çalışmaya hakkı olmayacaktı.

Elbette Tekel işçisi yukarda açıklanan yasal düzenlemeden tek etkilenen grup değildi ve o dönemin tek direnişi de Tekel direnişi değildi. Tekel işçilerinin eylemlerini başlattıkları günlerde iki mücadele daha yaşanıyordu. 25 Kasım 2009'da, KESK, DİSK ve Kamu-Sen gibi sendikaların katıldığı bir günlük bir grev gerçekleşmişti. Bu grevden birkaç hafta sonra ilk olarak yeni yılın başlaması ile işten çıkartılacak olan itfayecilerin grevi başladı. Ardından 25 Kasım grevine katıldıkları için işten çıkartılan arkadaşlarının işe alınması için bir günlük grev kararı alan demiryolu işçileri greve çıktı. Polis itfayecilere ve demiryolu işçilerine, tıpkı Tekel işçilerine yaptığı gibi çok sert bir biçimde saldırdı. Bunun yanı sıra grev sonucu işlerini kaybeden demiryolu işçilerinin sayısı elliye yaklaştı ve pek çok işçi göz altına alındı. Demiryolu işçileri ise saldırılar sonucu mücadelelerini sonlandırdı.

14 Aralık'ta başlatılan direnişin tohumlarını eken olay 5 Aralık günü yapılan Erdoğan'ın da katıldığı bir açılışta gerçekleşti. Bu açılışa Erdoğan'a durumlarını iletmek amacıyla bir grup işçi de katılmıştı. Erdoğan'dan gelen yanıt ise işçilerin beklediği türden değildi. Erdoğan 'tekel işçilerinin yatarak para kazanmaya çalışan, devletin kaynaklarını sömüren bir "unsur" olduğunu ve onların devlete 40 trilyona mal olduğunu' söylediği konuşmasında daha pek çok saldırgan ifade kullandı. Bunun üzerine işçiler öfkeyle salonu terk ettiler. AKP üyesi olan pek çok işçi üyelikten ayrıldı. Türk-İş'e bağlı Tek Gıda İş sendikasının çağrısıyla işçiler

Ankara'ya yola koyuldu. Yol boyunca işçiler polis tarafından durduruldular ve saldırıya uğradılar. Polis işçilerin birlikteliğini bölmek için Batı'dan gelen çoğunluğu Türk işçilerin şehre girebileceğini ama Doğu'dan gelen çoğunluğu Kürt işçilerin giremeyeceğini söyledi. Kürt açılımının ve barış söyleminin gündemde olduğu günlerde işçi sınıfını ayrıştırmak söz konusu olduğunda barışçıllık maskesini kolaylıkla bırakabilen devletin bu söylemi neyse ki işçiler arasında karşılık bulmadı. Tokat'tan gelen işçilerin önderliğiyle polis protesto edildi ve Kürt illerinden gelen arkadaşlarını geride bırakmadılar.

İşçiler 15 Aralık günü AKP genel merkezi önünde protestoya başladılar ve ateş yakıp gece 10'a kadar Ankara soğuğunda beklediler. Ertesi gün polis işçileri Abdi İpekçi Parkı'na yönlendirdi. Bir grup işçi de AKP binasının önünde kaldı. İşçilerin bir kısmı parka vardıklarında polis etraflarını sardı; giriş çıkışlara izin vermedi. İşçiler bir araya gelmek isteyince de biber gazı atmaya başladılar. Nihayet 4 saat yürümeyle parka varabilen ve diğer grupla birleşen Tekel işçileri o geceyi Abdi İpekçi'de yağmur altında geçirdi. İşçileri dağıtmak için gerçekleşen saldırıların en serti 17 Aralık günü yaşandı. Nefret dolu saldırının ardından işçiler parktan dağılmak zorunda kaldı. Kaçan işçiler bu sefer de Türk-İş binasının önünde toplandı. Yatacak yeri olmayan Tekel direnişçileri Türk-İş binasını işgal ettiler ve geceyi orada geçirdiler. Artık eylem alanı, başta Türk-İş genel merkezinin olduğu sokak olmak üzere, Sakarya meydanıydı.

İşçilerin kalacak yer sorunu, soğuk hava ve polis saldırıları sebebiyle birkaç güne dağılacağını düşünen hükümet ve sendika yöneticileri yanıldıklarını gördü. Bunun üzerine sendika işçilere kapılarını kapattı. İşçiler tuvaletlerin kullanımı ve kadınların arada bina içerisinde dinlenebilmeleri için sendika yönetimiyle mücadeleye koyuldu ve sonunda en azından kısıtlı da olsa binayı kullanabilme onayını aldılar. Türk-İş'le gerginlik önceye dayanıyordu; sendika zaten devletle anlaşmaya oturmuş ve onların taleplerini kabul etmişti. Bu yüzden işçiler sendika yönetiminin yalnız görüşmesini kabul etmeyip yanlarında iki işçiyle görüşmelere gitmelerini şart koşuyorlardı.

İşçiler sonraki günlerde mücadelelerini nasıl devam ettireceklerini tartıştılar. Yalnızca bir sokağa sıkışmanın iyi bir sonuç vermeyeceğini, mücadelelerini yaymaları gerektiğini tespit ettiler. İlerleyen süreçte, mücadelelerini yaymak için çağrıldıkları öğrenci toplulukları veya sol grupların etkinliklerine, işçi mahallesi etkinliklerine konuşmacı olarak gidecek, ve bir süre sonra kendileriyle benzer bir kaderi paylaşacak olan şeker fabrikası işçilerini ziyaret edip onları da mücadeleye davet edeceklerdi. Fakat her şeyden önce soğuk kış şartlarında başlarını sokacakları bir çadır ihtiyacı söz konusuydu. Bir komite kuruldu; ardından sendikaya çadır kurma ve sokakta yılbaşı kutlamasını da içeren bir talep listesi iletildi. Türk-İş işçilerin kendi komitelerini kurmuş olmasından oldukça rahatsızdı ve onlardan komiteyi sonlandırmalarını istedi. Böylece işçiler tek destek alabilecekleri alanı, sendikalarını kaybetme korkusuyla komitelerini sonlandırdılar.

Sonraki günlerde Tekel işçisi ile Türk-İş arasındaki çatışma devam etti. Türk-İş başkanlar kurulu toplantısı esnasında Tekel işçisi Türk-İş'in kapısına dayandı. Türk-İş başkanı Mustafa Kumlu polis tarafından işçilerden kaçırılarak binadan çıkarıldı. En nihayetinde işçilerin taleplerini kabul eden bir açıklama yapana kadar onların karşısına çıkamadı. Bu açıklama da Türk-İş ve işçilerin arasının düzelmesini sağlamadı. Düzenli olarak işçiler Türk-İş'i protesto etti ve binayı işgale kalkıştı. İşçilerin Türk-İş ile ilişkilerinin ne durumda olduğunu anlayabilmek için bir Tekel işçisinin bir röportajda dile getirdiği şu sözlere bakabiliriz: *"Sendika yöneticileri eylemi/direnişi bitirip geri dönme kararı alırsa biz bu karara uymayacağız. Hatta geçen sene olduğu gibi bir kazanım olmadan direnişi bitirme kararı alınırsa Türk-İş binasını boşaltıp ateşe vermeyi düşünüyoruz."* Bütün bunlara rağmen Türk-İş'in sözünü dinleme eğilimi de sürüyordu işçilerin bir kesiminde. Başkanlarını hala bir yanıyla lider olarak görüyorlardı ama onu kendi haklarını daha çok savunan bir çizgiye çekme arzusu da vardı.

Şenlikli yılbaşı kutlamasının ve Türk İş'in işçilerin dayatması sonucu başlattığı bir saatlik genel grev çağrısının ardından işçiler artık direnişe devam etmeyi oyluyordu. Bir saatlik grev Türk-İş'e bağlı işçilerin %30'unu kapsayınca grevin büyüme potansiyeli taşıdığı devlet tarafından daha iyi anlaşılmış oldu. İşçilerin kapalı oylaması ise %99 oranında kalmak ve mücadeleye devam etmek yönünde sonuçlandı. Sendikanın önerisiyle işçiler ve sendika yöneticileri bir eylem planı oluşturdu: 15 Ocak'tan itibaren üç gün oturma eylemi, üç gün açlık grevi ve üç gün ölüm orucu. İşçiler açlık grevinin gündemde kalmalarına yardımcı olacağını ve Türk-İş'i dize getireceğini düşündüler.

14 Ocak'ta çadırlar kuruldu. Varillerde ateş yakarak ısınan işçilere sobalar sağlandı ve çadırların içerisine sobalar kuruldu. Sakarya meydanı bir çadır kente dönüştürülmüş oldu. Çadırlar gelinen şehirlere göre ayrılmıştı. Bu ayrımın sebebi olası sivil polis veya provakatör manipülasyonunu önlemekti. İşçiler iş arkadaşlarıyla birlikte yatarak tanımadıkları biri tarafından bir saldırıya veya manüpilasyona uğrama riskinden kurtuluyorlardı.

15 Ocak'ta geride kalan Tekel işçileri ve bazı aileler de Ankara'ya geldi ve oturma eylemi başladı. 16 Ocak günü içinse geniş katılımlı bir eylem planlanıyordu. Düzen güçleri eylemin pazar gününe alınmasını dayattı. İşçiler eylemi bir sonraki güne aldılar. Bu dayatmanın arkasında yatan şey ise soğuk kış gününde sokakta oturan işçilerin onlara karşı koyabilecek halde olmayacakları düşüncesiydi. 17 Ocak'ta pek çok sektörden direnişlerini sürdürmekte olan işçiler, öğrenciler ve destekçi gruplar gardan Sıhhiye Meydanı'na yürüdü. Burada kürsüye bir Tekel işçisi, bir itfaiyeci ve bir şeker işçisi çıkıp konuşmalarını yaptı. Ardından Türk-İş başkanı konuşmaya başladı. Başkanın sözleri fazlasıyla uzlaşmacıydı ve bu konuşma Tekel işçilerinin tepkisini çekti. İşçiler engellemelere rağmen kürsüye

yöneldiler. Kürsüye çıkan işçilerin bir kısmı genel grev çağrısı yapan sloganlar attı. Kısa süre sonra kürsüden indirildiler. Sendika yöneticileri bir de destekçileri provokatör olarak işaret edince işçiler Türk-İş'i yeniden işgale yöneldiler. Günün sonunda işçiler tekrar komiteler kurmayı konuşmaya başladılar. Komitelerini kuran işçiler bir sonraki süreci planlamaya koyuldu. İşçilerin çoğunluğu açlık grevine çıkmayı doğru bulmuyordu. 19 Ocak'ta sadece 140 işçinin açlık grevine çıkmasına karar verildi. 19 Ocak günü yüzlerce Tekel işçisi bir günlük greve çıkan sağlık işçilerine destek vermeye gitti. Direniş boyunca 9-10 komite kuruldu. Bu komiteler çok uzun süre işlevli olamadılar. İşçiler bu durumun iletişimsizlikten kaynaklandığını düşünüyorlardı. Her çadırın kendi temsilcilerini seçerek oluşturulması ve iletişim çadırı kurulması sağlanamadığından komitelerin dağılmış olabileceğini düşünen işçiler de vardı.

20 Ocak'ta KESK, DİSK, Türk-İş ortak eylem planını açıkladı. Sendikaların kararı her gün destek eylemleri ve ziyaretleri yapmak, ayın 22'sinde bir saat işe geç başlamaktı. Bir de 26 Ocak'a kadar bir gelişme olmazsa dayanışma grevi için toplanacaklarını duyurdular. Erdoğan, Türk-İş başkanını görüşmeye çağırdı. Tekel işçisini yanlış anladığını beyan eden Erdoğan iki bakanını görüşmeler için görevlendirdi. Beş günün sonunda 4-C kaldırılmadı ama bazı iyileştirmelere gidildi: Ücretlerde iyileştirme, kıdem tazminatı, 22 günlük izin hakkı ve 11 aya çıkan çalışma süresi. İşçiler anlaşmayı reddetti. Anlaşma haberi gelince

doktorların da tavsiyesi üzerine açlık grevini sonlandırmış olan işçiler 2 Şubat'ta tekrar açlık grevine başladılar. Sonucun olumsuz çıkmasıyla Türk-İş, Hak-İş, DİSK, Memur-Sen, Kamu-Sen, KESK bir araya geldiler ve 4 Şubat'ta genel grev yapmaya karar verdiler. Hükümet kanadıysa, tehditkar açıklamaların yanı sıra yöneticilerin işçilere maaşlarını ve kıdem tazminatlarını verdikleri halde grevin durmayışını ideolojik grupların yönlendirmesi olarak medyaya yansıtıyordu. Maaşları ödeyerek zaten yasal zorunluluğunu yerine getirmiş olan devlet, direnişin asıl sebebi olan 4-C'nin kaldırılmamış olduğundansa hiç bahsetmiyordu. İşçilere 4-C'ye geçmeleri için bir ay süre tanındı. Geçmeyenlerse işsiz kalacaklardı.

Taban zorlamasıyla genel grev kararına dahil olan Hak-İş ve Memur-Sen son dakikada bu kararından caydı. Türk-İş içindeki bazı sendikalar devlet pozisyonunu desteklediklerinden çekildiler. Türk-İş de Ankara'da gerçekleşecek eyleme sadece sendika yöneticilerinin ve temsilcilerinin katılacağını duyurarak pek çok şehirden sendika tabanının bir araya gelişini engelledi. Ankara'da eyleme 30-40 bin kişi katıldı. Bunun dışında bazı şehirlerde destek eylemleri yapıldı. Genel greve gelince tablo pek iç açıcı değildi. Grevin pek çok işyerine yayılamaması sonucu ciddi bir etkisi de görülemedi. İşçilerin başından beri en büyük umudu sendikaları zorlayarak mücadelenin yayılmasını sağlayabilmekti. Yoğun uğraşlarına rağmen direnişi büyütememek işçiler arasında anlaşmaya varma eğilimini artırdı. Üstelik bir aylık süreleri vardı sadece ve kabul etmemek işsiz kalmak demekti. Bu söylemler işçiler arasında dönem dönem tartışmalar dahi doğurdu. 2 Şubat'ta başlayan açlık grevi 5 Şubat'ta son buldu. Grevin sonlandığı gün 100 tekel işçisi süresiz açlık grevine başladı. Sendikanın duyurusuyla 11 Şubat'ta açlık grevi son bulduysa da 16 işçi kararı tanımadıklarını belirterek açlık grevine devam etti ve bir işçi hastaneye kaldırıldı. Sonra açlık grevine 5 işçi daha katıldı ve grev 17 Şubat günü son buldu. Açlık grevi yapan işçilerden birini sendika yandaşı diye bilinen başka bir Tekel işçisi açlık grevini sürdürdüğü için darp etti.

Erdoğan'la görüşmeler devam ederken, KESK, DİSK, Kamu-Sen ve Türk-İş eylem planlarını açıkladılar: 18 Şubat'ta sendikalarının bütün şubelerine Tekel işçileri ile ilgili pankart ve afişler asılacak, 19 Şubat'ta illerde basın açıklaması ve oturma eylemleri yapılacak, 20 Şubat'ta Ankara'da dayanışma mitingi düzenlenecekti. Daha çok sendikal çevrede dikkat çeken programın ardından miting gerçekleşti ve işçilere moral verdi; ama ardından yaşananlar yine moralleri bozdu. Dört sendika tekrar toplandı ve eğer 26 Mayıs'a kadar sonuç alınmazsa genel eylem düzenleyeceklerini kararlaştırdılar. Bu karar işçilere duyurulmadı ve işçiler kararın internete sızması sonucu durumu öğrendiler. Aylar sonraya eylem planlayan sendika yönetimini istifaya çağıran sloganlarla protesto ettiler. İşçilerin asıl üyesi olduğu Türk-İş'e bağlı Tek Gıda-İş başkanı, Türk-İş Genel Sekreterliği görevinden ayrıldığını, ancak ayrılma gerekçesini 2 Mart'ta – devletin işçilere tanıdığı sürenin son gününde – açıklayacağını bildirdi. İşçiler istifa hakkında iki ihtimal üzerinde duruyorlardı: Ya medyanın belirttiği gibi işçilere tepki göstermek ve bu direnişi desteklemediği imajını vermek için istifa etmişti ya da Türk-İş'in aldığı kararlardan rahatsızlık duyduğundan işçilerin yanında olmak için istifa etmişti. İkinci ihtimal düşük görünüyordu; çünkü işçilere hiçbir açıklama yapmadan ortalardan kaybolmuştu.

Grev devam ederken acı haberler de eksik olmuyordu. 23 Şubatta Balıkesir madenlerinden grizu patlaması sebebiyle 13 işçinin hayatını kaybettiği haberi geldi. Ayın 25'inde ise direniş alanının yakınlarında Hamdullah Uysal adlı öncü Tekel işçisi pahalı bir aracın çarpması sonucu hayatını kaybetti. İşçiler mücadeleye başladıklarından beri direnişçi arkadaşlarının yakınlarından hayatını kaybeden pek çok kişi olmuştu; fakat iş cinayeti ve direnişçi yoldaşlarının kaybı bütün direnişçileri kitlesel olarak etkiledi. İşçiler akşamları meşaleli eylemler yaparak işçi kardeşlerini andılar. Bu olaylar sınıf öfkelerinin daha fazla kabarmasına sebep oldu. İşçiler ölen arkadaşlarının ailesiyle konuşup cenaze törenini grev alanında yapmak için izin aldılar. Bunun üzerine 400-500 kadar işçi Adli Tıp Kurumu binasına giderek cesedi talep etti. Yanlarında Hamdullah'ın bir akrabası da vardı ve ailesi de cenaze için yola koyulmuştu.

Kurum cenazeyi vermedi ve işçileri oyaladı. Sonra Hamdullah'ın eniştesi olduğunu iddia eden ve işçiler inanmayınca sivil polis olduğunu itiraf eden bir kişi Hamdullah'ı almaya çalıştı, işçilerin müdahalesi ile engellendi. İşçiler saatlerce beklerken aile de emniyet güçleri tarafından alıkonulmuş, Ankara'da cenaze yapmadan naaşı memleketlerine götürmeleri için sıkıştırılıyorlardı. Böylece ölen işçinin yakınları polisin baskısına karşı koyamadı ve cesedi almak için Adli Tıp Kurumu'na gitti. Aynı zamanda polis işçilere de cenazeyi alabileceklerini bildirdi. İşçiler araçlara bindiler fakat Hamdullah'ın farklı bir yöne doğru götürüldüğünü fark edip aracın önünü kestiler. Polisler araya girdi ve direnişçilere biber gazı sıkmaya başladı. Bir grup işçi aracın önüne yattı. Polis ise çok sert bir şekilde müdahele ederek açtığı yoldan aracı kaçırdı.

Adli Tıp'ta çatışma sürerken bir yandan da Türk-İş'in önündeki işçiler arkadaşlarının öldüğü yere çiçek bırakma mücadelesi veriyordu. İşçilerin alana girip çiçek bırakması polisler tarafından engellendi. Adli Tıp'tan dönen işçiler döndüklerinde diğer eylemcilerle birleşerek barikatı aşıp caddeyi trafiğe kapattılar ve kaybettikleri arkadaşları için 20-25 dakika oturma eylemi yaptılar. Hamdullah'ın öldüğü yeri çiçeklerle donatıp sloganlar atarak arkadaşlarını uğurladılar. Bir grup işçi ertesi gün AKP binasına gidip pankart asmaya kalkınca özel güvenlik ve polisin sert saldırısına maruz kaldı. Pek çok işçi yaralandı, 19 işçi ise gözaltına alındı. İşçiler 40 saat bahanelerle gözaltında tutulurken, pek çok Tekel işçisi ve destekçi de dışarıda bekliyordu. İşçilerin 4'ü kamu malına zarar ve memura mukavemetten mahkemeye sevk edilirken gerisi serbest bırakıldı. Sendika ise kendisinden izinsiz yapılmış olduğundan bu işe bulaşmak istemediyse de işçilerin zorlamasıyla avukatlarını yolladı.

1 Mart günü Danıştay'dan 4-C'ye bir ay içerisinde geçme zorunluluğu yönündeki kararın durdurulduğu açıklandı. Bu işçilerde büyük sevinç yarattı. Tek Gıda-İş başkanı işçilere eylemin sonlandığını, çadırları sökmeye başlamalarını söyledi. İşçilerin bir kısmı karşı çıksa da çoğunluk çadırları sökme taraftarıydı. Bunun üzerine 1 Nisan'da tekrar Ankara'da buluşmak üzere Tekel direnişçileri eylemlerine ara verdiler. Direniş bu adımla fiilen sona ermiş oldu. İşçiler Nisan ayında Ankara'ya döndüklerinde alanın polis ablukasında olduğunu gördüler ve içeri alınmadılar. Bir gün bekleyip tekrar alana girmeyi denediler ama polis müdahelesiyle karşılaştılar. Bir basın açıklaması düzenleyip 26 Mayıs'taki genel eyleme hazırlanmak üzere Ankara'dan ayrıldılar. 1 Mayıs'ta Tekel İstanbul işçileri bir eylem tertipledi. Genel eyleme beş gün kala sendikanın genel eylemi iptal etmenin bahanesini bulmaya çalıştığı bir açıklama yapması üzerine, 24 Mayıs'ta işçiler Türk-İş'in İstanbul şubesini basıp iki günlük oturma eylemi ve açlık grevi yapmaya başladılar. Türk-İş işgalleri, zaten iletişimde kalmaya devam eden diğer illerdeki Tekel işçileri tarafından da bulundukları şehirlerde yapılmaya çalışıldı. Tüm bunların ardından sendikalardan genel eylem yerine bir saatlik iş bırakma eylemi yapmak, basın açıklaması yapmak gibi önerilerde bulunan açıklamalar geldi. Bu açıklamalar işçilerin tepkisini çekti; bunun üzerine diğer sektördeki işçileri iş bırakmaya çağırdılar.

26 Mayıs günü pek çok sektörden toplam 70 bin kadar işçi yürüyüşlerle, iş bırakma eylemleriyle ve destek eylemleriyle Tekel işçilerine dayanışma sundu. Zonguldak'ta 15 bin işçi işe bir saat geç gitti. Sağlık sektöründe pek çok basın açıklaması veya bir saatlik eylemler yapıldı. Genelde kamu çalışanlarından oluşan kitleler özellikle büyük şehirlerde yürüyüşler yaptı. İzmir'de demiryolu işçilerinin destek eylemi polis saldırısına uğradı. Türkiye'nin dört bir yanında bütün gün eylemler yapıldı. Sonuç olarak hukuksal süreç sonraki yıllar boyunca sürdü. Tekel grevi sonucunda 4-C'de bazı iyileştirmeler yapılmış oldu. İşçiler 4-C'nin kaldırılması hedeflerine ulaşamadılar. Olayların üzerinden 9 yıl geçtikten sonra AKP İl Başkanlığı binası önünde eylem yapan işçilerin 19'una dava açıldı. Tekel işçilerinin bazıları bunun kriz sebebiyle artabilecek grevlerin önüne geçmek için gözdağı vermek amaçlı yapıldığını, çoktan kapanmış davanın yeniden açılmasının saçmalık olduğunu söylüyorlar. Kayıpla sonuçlansa da 2000'li yılların genç işçilerinde unutulmaz bir iz bırakan direniş, önemli bir sınıf mücadelesi deneyimi oldu.

5. Diyarbakır Tuğla Grevi

Diyarbakır'ın Bağıvar beldesindeki 12 tuğla fabrikasında 2 bini aşkın işçi çalışıyor. Tuğla işçileri çok düşük ücrete günde 12-16 saate varan süreler boyunca çalışıyordu. Fabrikalarda işçi sağlığını korumak adına hiçbir güvenlik önlemi alınmadığı gibi işçilerin sigorta ve sendika hakkı da yoktu. Ücretler düzenli olarak aylarca geciktiriliyor ve işçilerin pek çoğu borçla hayatta kalıyordu. Tuğla tozundan göz gözü görmeyecek hale gelmiş alanlarda çalışan işçiler, evlerinden getirdikleri poşuları yüzlerine sararak kendilerini korumaya çalışıyordu. Yüksek sıcak altında çalışan işçilerin mekap ayakkabıları parçalanıyor, her ay yeni bir iş ayakkabısına ihtiyaç duyuyorlardı. Sigorta, yemek, servis imkanlarından da yoksun olan işçiler, süt ve yoğurt hakları için de mücadele ediyordu (Süt, yoğurt, ayran gibi ürünler, tehlikeli, sağlığa zarar veren, zehirli maddelerle temasın zorunlu olduğu iş kollarında çalışan işçilerin düzenli olarak tükettiği veya tüketmeyi talep ettiği gıdalardandır. İşçi sınıfı arasında bahsedilen gıdaların vücuttaki zararlı etkiyi azalttığına dair yaygın bir inanış hakimdir). İşçiler sigortasız olduğundan sağlık sorunlarını çözebilmekte de büyük zorluk yaşadığı gibi, çoğunlukla çok sayıda çocuğu olan işçiler çocuklarına da sağlıklı bir yaşam ve eğitim alanı sağlayamıyorlardı. İşçilerin azımsanamayacak bir kısmı da çocuk işçilerden oluşuyordu. Çalışma alanında güvenlik önlemlerinin alınmamasından kaynaklı pek çok kaza gerçekleşiyor, özellikle toz solumaya veya ağır kaldırmaya dayalı kronik hastalıklarla işçiler ömür boyu acı çekmeye mahkum kalıyordu. İş kazaları sonucu sakat kalan işçiler bakıma muhtaç halde kapı önüne konuluyordu ve patron hiçbir bedel ödemiyordu. Bütün bunlar yetmezmiş gibi düzenli olarak hakaret ve aşağılamaya da maruz kalıyorlardı. Bu iş yerlerinin denetlenme süreci ise Türkiye'nin her yerinde olduğu gibi gelen teftiş ekibinin ve yasal görevlilerin rüşvetlerini alıp sahte rapor tutması şeklinde gerçekleşiyordu.

Bütün sıralanan sorunlar ve zam taleplerinin reddedilmesi sebebiyle 2006 yılının Haziran ayında 10 fabrikadan 800 işçi direnişe başladı. Direniş kısa sürede sonuçlandı ama işçilerin elde edebildiği tek şey %35 oranındaki zam oldu: 3 gün süren direnişin başında işçilerin sunduğu zam oranı %40'tı ve patron %20 zam oranın üstünde bir anlaşmayı kesin olarak reddediyordu. Grevin sonunda işçiler nasıl sendikalı olabileceklerini tartışmaya başladılar. Hala pek çok sorunları vardı çözülmesi gereken. Kazanımlarının ardından üç yıl geçti. Bu üç yıl boyunca sorunlar aynen devam etmiş ve enflasyon oranına uygun olarak yapılması gereken yıllık zamlar yapılmamıştı. İşçiler 2010 yılında bu sefer 1500 kişiyle greve çıktılar. İşçiler grev sürecince kahvehanelerde toplanıp mücadeleleri hakkında konuştular. Aralarında birlik sağlamaya ve ortak karar almaya çalıştılar. Hem 2006 yılındaki kazanımlara hem de Tekel direnişine dair konuşmalar yapan işçiler birbirlerine, bölünmeden mücadeleye devam edebilirlerse başarıya ulaşacaklarını örnekleri göstererek hatırlattılar. Birincil olarak maaşlarına zam almayı hedefleyen işçiler ayrıca diğer sıkıntılarının çözümü için de mücadele ediyordu. Patronlar birleşerek ortak bir açıklama yapıyorlar ve %7,5 zam verebileceklerini söylüyorlardı. Bunun üzerine işçiler üç yıllık zamsızlığın telafisi yapılmadan ve diğer sıkıntıları da ciddiye alınıp çözülmeden grevden dönmeyeceklerini bildirdiler. Grevin ikinci gününe gelindiğinde bütün fabrikalar durdu. Patronlar süreç boyunca gün geldi jandarma çağırdı gün geldi her fabrika için ayrı bir zam oranı belirterek işçileri bölmeye çalıştı. Direnişin bölünmeden devam ettiğini görünce %28 zam teklifinde bulundu ve grev %30 zamla son buldu. Bu ise maaşlarda 100-200 lira civarı artış demekti. İşçilerin diğer talepleri çözümsüz kaldı. Aslında pek çok işçi sigorta ve sendika hakkı gibi haklar elde etmeden grevi bitirme taraftarı değildi; ama direnişe devam etmenin maddi külfetini kaldıramama ve devam etmekten çekince duyan işçilerin bölünme yaratması ihtimalleri göz önünde bulundurularak direniş sonlandırıldı. İşçiler Diyarbakır Valiliği'ne ve Tarım ve Köy İşleri Bakanı'na durumlarınnı bildirdiler. Sorunlarıyla ilgilenileceği iddiasıyla gönderilen işçiler lehine hiçbir müdahale gerçekleşmedi. Zaten aynı sorunlar 2013'te tekrar grevle gündeme geldi.

1 Mayıs 2013'te yeniden direnişe başlayan işçilerin taleplerinde artık sigorta ve sendika hakkı daha ön plandaydı. Bunun dışında %50 zam

istiyorlardı. Bölgedeki bütün tuğla fabrikası işçileri
direnişe katıldı. İşçiler ilk olarak bir grev komitesi
kurdu ve görüşmeler için temsilciler seçti. İşçilerin
aldığı kararların başında kayıt dışı çalıştırıldıklarını
belirten dilekçelerle iş yerlerini bakanlığa ihbar
etmek yer alıyordu. Ayrıca patronlar hukuksuz bir
şekilde iş yerinde çalışmayan akrabalarını çalışıyor
gibi göstererek sigortaya kaydediyor, gerçek
çalışanların sigorta hakkını ise gasp ediyorlardı.
Daha önce sendikalara duyulan güvensizliğin de
etkisiyle kendilerinin organize edeceği, sürekliliğe
sahip işçi meclislerini veya komitelerini kurmayı
planlayan işçiler, anlaşılan istedikleri sonucu
alamamışlar ki bu sefer – 2012'de DİSK'e bağlı olan
Cam Keramik İş başkanının sendikaya katılma
çağrısında bulunmasının da etkisiyle – bu sendika ile
görüşmeye karar verdiler. Beş gün sonra grev,
önceki grevlerde olduğu gibi patronun sözlü kabulü
ile değil, yazılı bir anlaşmayla son buldu. Tuğla
patronlarıyla yapılan görüşmelerin ardından işçilerin
büyük çoğunluğunun sigorta talebi karşılandı.
Yapılan anlaşmaya göre her fabrikada yüklemeci
olarak çalışan 30 işçi sigortalı olacak, götürü usulü
çalışan yüklemeciler yüzde 5 zam elde edecekti.
Çocuk işçiliğin yoğun olduğu taban işçileri ise yüzde
10 zam, bunlar içinde düzenli olarak çalışanlar ise
sigorta hakkını kazandı. Böylece Bağıvar
bölgesindeki tuğla fabrikalarında, işçilerin tamamını
kapsamasa da ilk kez sigortalı çalışmak mümkün
oldu. İşçiler pes etmeden çalışmaya devam
edeceklerini; sendikal örgütlenme, koşullarda
iyileşme ve herkes için sigorta gibi önemli

kazanımları elde etmeden durmayacaklarını ifade ettiler. Bir yıl sonra Bağıvar'da Cam Keramik İş bir şube açtı ve işçiler bu şube aracılığıyla iletişimlerini sürdürdü. Bununla birlikte Diyarbakır tuğla işçileri bilindiği kadarıyla ilerleyen süreçte başka bir greve çıkmadı.

6. Gaziantep (Başpınar Organize Sanayi Bölgesi) Grevi

2012 yılında, sayıları zamanla 5-7 bin kişiye ulaşan tekstil işçilerinin greve çıktığı Gaziantep ilinde 11 günlük direniş kısmen kazanımla sonuçlandı. Başpınar Organize Sanayi Bölgesi, çoğunlukla tekstil iş kolunda olmak üzere 2012'de 100 bin işçinin çalıştığı bir alandı. İşçilerin pek çoğunun sendikasız olduğu sanayi bölgesinde az sayıda sendikalı işçi de bulunuyordu. Bu işçilerin çoğu İslamcı Hak-İş'e bağlı Öz-İplik-İş sendikasına mensuplardı. Sendikalı işçiler sendikasız işçilerle benzer maaşlar alıyor ve benzer koşullarda çalışıyorlardı. Hatta son toplu sözleşmede bu sendikalar sıfır zam oranına ve ikramiyelerin kesilmesine imza atmışlardı. İşçilerden biri, Türk-İş'e bağlı TEKSİF sendika genel merkez yöneticisine *"Gerçekten bu işçilerin size güvenmesini ve örgütlenmesini istiyorsanız Sanko'da bin üyeniz var. Bunun iki yüzünü buraya getirin size inanalım."* demiş, fakat cevap bile alamamıştı. Böylelikle işçiler kendi direnişlerini sendika desteği olmadan vermek zorunda kaldı.

Kötü çalışma koşullarına karşı örgütlenmeye başlayan işçiler greve bin lira net ücret ve yılda dört ikramiye talebiyle çıktılar. İşçilerden biri çalışma koşullarını ve greve dair duygularını şöyle ifade etti: *"Günde 12 saat çalışıyoruz. Pazar günleri de aynı*

uygulamaya gidiyorlar. Pazar günü işbaşı
yapmazsak bizleri başka alanlarda çalıştırıyorlar.
Servis duraklarına erken gelmemizi istiyorlar.
Tuvalete bile izinle gidiyoruz. Yarım saat yemek
molasında çay içmemize bile izin yok. Sonuna kadar
direneceğiz."

Peki işçiler bu grevi nasıl koordine ettiler? İş yerlerinde komiteler kuran işçiler fabrikaları birbirine bağlayan bir üst komite daha kurdular. 3-5 kişiden oluşan komiteler, işçilerin güvenilir bulduğu ve mücadeleci bir tavra sahip olduğu bilinen işçilerden seçiliyordu. Grev sonrasında işçilerin komiteyle ilgili değerlendirmesine göre; komite direniş alanındaki işçileri yönlendirebilse bile, moral bozuklukları ve dağılmalar yaşandığında pek de bir şey yapamıyordu. Komitelerin bir diğer sorunu ise polis baskısıydı. Temsilciler hemen her gün polis baskısı gördüğünden sıklıkla değişmek zorunda kalıyor, işçiler sürekli temsilci seçmek zorunda kalıyorlardı. Polisin tehditlerinin başında grevden dönmezlerse bir daha hiçbir yerde iş bulamayacakları yer alıyordu. Grevin tam kazanıma ulaşmak amacıyla sürdürülememesinin en büyük sebebi şüphesiz maddi sorunlardı. İşçilerin pek çoğu maaşını almadan greve çıkmıştı. 3 gün süreceğini düşündükleri grev uzuyor, sendikalardan ciddi bir yardım gelmiyordu. Dönem koşulları düşünülürse önceden aldıkları maaşla ay sonunu getirebilmeleri mucize olan işçilerin parasız bir şekilde grev sürecini kaldırmak zorunda kalmaları onlar açısından işleri hepten zorlaştırdı. En nihayetinde tamamen istediklerine ulaşamamış olsalar da direnişi 11 günde kazanımla sonlandırmayı başardılar.

Grev sonunda fabrikaların çoğunda 780 lira olan ücret 875 liraya çıktı. İkramiye olarak ise 10 yevmiye miktarında bir ikramiyede anlaşıldı. Sadece Motif fabrikasında kademe sistemi kaldırıldı ve herkese 905 liralık eşit ücret ödenmeye başlandı. Başpınar işçilerinin 11 günlük direnişle tekstil iş kolunda uzun yıllardır elde edilemeyen rakamlara ulaşmaları, dahası bu kazanımı bütün sanayi bölgesindeki işletmelere yaymaları grevin en önemli kazanımlarıydı. Greve çıkan işçilerin kazandığını gören çevre işletmelerden işçilerde de bir hareketlilik başladı. Pek çok iş yerinde 1-2 saatlik iş bırakma eylemiyle greve çıkan işçilerin aldığı ücretleri alabildiler. Hatta bazı fabrika yöneticileri işçilerin greve çıkmasından korkarak işçiler hiçbir eylem yapmadan zam yaptı. Grevin ardından bazı olumsuz olaylar da gerçekleşti. Direnişe katılan işçiler anlaşma gerçekleşip işe döndüklerinde bazı problemlerle karşılaştı: Şireci fabrikasında patron işçilere "Eyleme katıldığım için pişmanım" yazan belgeler imzalatmaya çalıştı. Bunu imzalamak istemeyen işçiler direnişlerini bir süre daha sürdürmeye karar verdiler. Gürteks fabrikasında tazminattan vazgeçmeleri için işçilere baskılar sürdü. Güriplik fabrikasında ise 300 işçinin 50'sini işe almayacağını belirten yönetim, işe alacağı işçilerin tazminatının yanmayacağının garantisini vermedi. Başpınar İşçi Komitesi sonraki iki yıl toplantılarını ve mücadeleyi yayma çabalarını sürdürdü.

7. THY Grevi

Havalimanı işçilerine 2012 yılına kadar grev yasağı uygulanmadığı halde Türkiye'de bu sektörde grev yapıldığı görülmemiştir; bu greve yer vermemizin temel nedeni budur. Yasağın başlaması üzerine Atatürk Havalimanı işçileri bir eylem düzenlediler. Bu eylem THY şirketinin 104 uçuşunu iptal etmesine sebep oldu. 2013 yılına gelindiğinde ise 305 işçinin işten atılması sonucu başlayan grev dokuz ay kadar sürmüş, işçilerin mahkeme kararıyla işe alınmasıyla birlikte sona ermişti. İşçilerin 16-18 saat süren çalışma sürelerinin kısalması, uyku alanlarının insancıl koşullara kavuşturulması, birkaç gram kilo almalarının veya makyajlarındaki kusurların işten çıkarma sebebi olarak gösterilememesi gibi taleplerse tam bir sonuca bağlanamadan kaldı. Eylem devam ederken havalimanı tam kapasiteyle işlemeye devam etti. İşçiler eylemini sürdürürken Gezi eylemlerinin başlaması işçilerin direniş alanını eylemlerin yapıldığı Gezi Parkı'na taşımasına sebep oldu. THY işçileri grev boyunca diğer grev alanlarını gezerek dayanışma göstermeyi de ihmal etmedi. Grevi sonlandıran olay ise grevin gidişatından çok yasal sürecin sonuca ulaşmasıydı. Bu grevin çok konuşulmasını ve gündemde kalmasını sağlayan grevin gidişatı ve kitleselliğinden çok sektörde bir ilk olmasıydı.

8. Kazova Direnişi

Gezi eylemleri başlamadan bir süre önce işten çıkarılan işçiler beş ay boyunca maaşlarını alamadıkları için 61 gün işyeri önünde grev yaptılar. Bu sırada patron işyerindeki makinelerin çoğunu işçiler görmeden kaçırmayı başardı ve kalan makineleri ise tahrip etti. Gezi eylemleriyle beraber forumlarda konuşulmaya ve konuşmaya başlayan işçiler, buralarda üretilen fikirleri hayata geçirmeye başladılar. Bu fikirlerin başında işyeri işgali geliyordu. Fabrikayı işgal eden işçiler forumlardaki tartışmanın etkisiyle az sayıdaki makineyi tamir edip kendi üretimlerini gerçekleştirmeye soyundular. İşçiler ürettikleri ürünleri forumlar ve Gezi protestocuları aracılığıyla satmaya başladı. Hatta ünlü Gezi protestocuları bir defile düzenleyerek kazak satışlarına destek oldu. Bunların ardından Kazova işçilerinin işleri büyüdü ve küçük bir mağaza bile açtılar. Bu durum başta hakkını alamayan işçilerin zararını telafi edişi gibi görünse de orada kalmadı. İşçiler patronlaşma yolunda ilerlemeye, solcu ve Gezici çevrelerin oluşturduğu pazarı kullanmaya devam ettiler.

Stalinist sol örgütlerin desteği ve etkisiyle Kazova kazaklarının ünü başka ülkelere de yayıldı. Küba Genç Milli Takımı'nın bir maçta giyeceği formalar Kazova işçilerine sipariş edildi. Kazova işçileri ise Küba Genç Milli Takımı üzerinden Küba'ya anti-emperyalist ve dayanışmacı mesajlar gönderdi. 10 ayın sonunda mahkemeler sonuçlandı. Patron, işçilere ele geçirdikleri makineleri ödenmeyen ücretler karşılığında bıraktı. İşçiler kooparatif kurup üretimlerine devam ettiler. Hatta 2015 yılında penye giysi ve çorap üretimine de başladılar. Bazı Gezicilerden tasarım yardımı almaya da devam ettiler.

9. Gezi Hareketi

İstanbul'da Taksim Gezi Parkı'nın imara açılması sonucunda, 27 Mayıs 2013 tarihinde iş makinalarının parka girip ağaçları sökmeye başlaması ve bunun internet üzerinden öğrenilmesi sonucu, bir grup çevreci aktivistin protesto ederken polis şiddetine maruz kalışına gösterilen tepkiyle başlamış olan bir harekettir. Eylemlerin başlamasına sebep olan polis şiddeti eylemler sürerken de etkisini hissettirdi. Sadece İstanbul'da 3.5 milyon ile 7.5 milyon arası insanın fiili olarak sokak eylemlerine katıldığı, çok daha fazlasının internet üzerinden veya balkonlarından destek sunduğu protestolarda 8 kişi hayatını kaybetmiş, 8 binden fazla kişi yaralanmıştı. Protestolar alan işgalleri, sokak çatışmaları, yürüyüşler, forum tartışmaları, sanat şovları, market ve ürün boykotları, cam ve balkonlardan tencere/tava çalma eylemleri şeklinde gerçekleşti. Süreç içinde eylemciler kendilerine isimler de buldu: Protestocular Erdoğan'ın aşağılama için kullandığı "çapulcu" kelimesini sahiplenerek kendilerine Gezici ve çapulcu demeyi tercih ettiler.

Gezi hareketi sınıflararası bir kitle hareketi olduğundan ve demokrasi ekseninde bir politik ağırlığa sahip olduğundan bu yazıda bütün süreçlerini ele almayacağız. Gezi'yi burada anmamızın sebebi ise onun işçi sınıfının pek çok kesiminin katılımını sağlayan, medya ve devlete olan güvenlerini bir nebze de olsa sarsan, forumlar ve işgal alanlarında başka bir yaşamın mümkün olabileceğine dair pratiklerin ve konuşmaların gelişmesini sağlayan, işçi sınıfının bir araya gelip korkmadan konuşabilecekleri alanlar yaratan bir hareket olmasıdır. Gezinin yarattığı zemin bazı işçilerin kendi sınıfsal konumunu fark edebilmelerini sağlarken aynı zamanda kendi sınıfdaşlarıyla kurduğu ilişkide yarışçı ilişki biçiminden dayanışmacı ilişki biçimine geçmelerine yardımcı oldu. Ayrıca süreç içerisinde gelişen tartışmalar ve karşılaşmalar sayesinde katılımcılar arasında ırkçılığa, homofobiye, cinsiyetçiliğe karşı daha duyarlı ve bilinçli tavırlar oluşmaya başladı. Özellikle kitlesel eylemlerin televizyonda nasıl yansıtıldığını gören eylemcilerin bir kısmı, onyıllardır Kürdistan'da yaşananları da aynı ekranlardan izlediklerini fark ettiler. Diyarbakır'da militarizmi protesto ederken asker kurşunuyla öldürülen Medeni Yıldırım, aynı zamanlarda ülkenin batısında polis kurşunuyla öldürülen eylemcilerle birlikte kitlenin önemli bir kesimi tarafından sahiplenildi. Gezi ve benzeri eylemler görece yeni bir fenomen olan sosyal medyanın farklı işlevlerini de gözler önüne serdi. Dünyanın dört bir yanından insanları birbirine bağlayan ağ aracılığıyla insanların birlikte hareket edebilmesi ve eylemler başlatabilmesi pek çok kişinin sosyal medyaya bakışını değiştirdi. Tabii ki bu durum Türkiye'de pek çok başka ülkede olduğu gibi ciddi sosyal medya yasaklarını beraberinde getirdi.

Cumhuriyet döneminin en büyük kitle hareketi olması açısından hafızalara kazınan Gezi hareketine katılanların sınıfsal durumu ise şöyleydi: Büyük çoğunlukla şehirli, genç beyaz yakalı işçiler ve gelecekte benzer alanlarda çalışacak öğrenciler (Kendilerini büyük oranda orta sınıf olarak tanımlayan bir kesim), işsizler ve şehir varoşlarının lümpenproleter gençleri; daha düşük oranda da olsa mavi yakalı işçiler ve küçük burjuva AKP muhalifi kişiler Gezi'nin düzenli kitlesini oluşturuyordu. Bir takım AKP karşıtı parlamenter siyasetçi ve burjuva ile birlikte, burjuvalaşmış sanatçılar da bu protestolarda poz vermeyi ve nadiren de olsa eylemlere katılmayı ihmal etmediler.

Protestolar en genel anlamıyla artan polis şiddetine karşı gerçekleştiği kadar, otoriterleşmeye devam eden AKP iktidarının sosyal hayatı kısıtlayan ve iş yerlerinde ciddi hak kayıplarına sebep olan yasalar çıkarması, alkol ve sigara gibi ürünlere çok yüksek vergiler getirmesi vb. yasal değişimlere karşı da gerçekleşti. Gezi'ye katılan insanların attığı sloganlara ve forumlarda konuşulan bazı konulara bakıldığında, özellikle başlarda, hareketin büyük oranda Başbakan Erdoğan'ın iktidardan ayrılması talebinde odaklandığı göze çarptıysa da forumlarda; güvencesiz çalışma koşulları, diplomalara rağmen işsizlik sorunu, esnek çalışma saatleri, katı performans ölçümü gibi sınıfsal sorunlar üzerine tartışmalar yapıldığı da görüldü. Forumlarda işçiler söz alıp koşullarını birbiriyle paylaşmış, direnişlere destek mesajları sunmuş, sınıf mücadelesine dair konuşmalara maruz kalıp tartışmalara girişmişlerdi. Bu yüzden Gezi eylemleri pek çok kişi tarafından unutulmaz bir deneyim olarak değerlendirildi ve hala kendilerini çapulcu veya Gezici olarak anan bir kuşak yarattı.

Çapulcu hareketi açısından süreç 15 Haziran'da meydanın boşaltılmasıyla forumlar üzerinden sürdü. Forumlarda konuşmacı olan sınıfsal perspektife sahip kişilerin başlattığı tartışmalar kendini işçi sınıfının bir parçası gibi algılamayan beyaz yakalı işçilere yeni perspektifler kazandırdı. Pek çok yerel forumda işçi mücadeleleriyle bağlar kurulması yönünde kararlar alındı. Başlarda direniş alanları yakınlarında kurulan forumlar, sonraları mahalle forumları olarak devam etti. En nihayetinde bazı işyerlerinde veya direnişteki işçiler tarafından parklarda düzenlenen forumlar da oluşmaya başladı. Bir takım hastane çalışanları, özel sektörde çalışan beyaz yakalı işçiler ve üniversite işçileri iş yerlerinde forumlar düzenledi. Forumların bazılarında 'işçi ve işsiz' çalışma grupları ve 'güvencesiz' çalışma grupları oluşturuldu. Konuşmalardan bir örnek vermek gerekirse; Abbasağa Parkı'nda söz alan bir katılımcı *"Fabrikalarda çalışmayanlarınız işçi olmadığını mı düşünüyor? Hayatta kalmak için emeğinizi satıyorsanız ellerinizi kaldırın!"* diye seslendi kalabalığa. Cevaben forumdaki herkes elini kaldırdı. Bunun üzerine konuşmacı şöyle devam etti: *"Öyleyse işçisiniz! İşyerimizi direniş yerine çevirmeliyiz, eğer çapulcular bunu yapmayacaklarsa kim yapacak."* Elbette Kazova ve THY örneğinde olduğu gibi forumlardaki tartışmaların negatif etkileri de gözlemleniyordu. Gezi hareketinin özellikle daha önce başlamış ve

sürmekte olan direnişleri kendi içine alıp sığ bir
aktivizme yönlendirdiğine süreç boyunca defalarca
şahit olundu.

Yukarıda bahsedildiği gibi Gezi hareketinde
demokretik söylemlere yatkınlık ve eğilim vardı. Bu
eğilim, sınıf mücadelesiyle tanışmamış, hatta
kendini işçi sınıfının bir ferdi olarak görmeyen,
Avrupa tipi demokrasinin propagandasına maruz
kalmış ve kendi yaşadığı ülkedeki demokrasiyi
Avrupa ülkelerindekiyle karşılaştırarak sorunun
demokrasinin yoksunluğu olduğuna kanaat getiren
geniş bir kitle tarafından sahipleniliyordu. Süreç
içerisinde belli değişimler bazı gruplarda
gerçekleşmiş olsa da AKP muhalifi burjuva
siyasetçilerinin ve sivil toplum kuruluşlarının yoğun
müdahelesi sebebiyle eylemlerin sonuna kadar
demokrasi vurgusu duyuldu. Türkiye'nin büyük
oranda Stalinist olan sol örgütleri ise başlarda hiçbir
müdahelede bulunamazken sonraları sürece
katılmaya çalıştı ve bu süreci bazıları abartılı bir
biçimde devrime giden bir yol gibi, bazılarıysa
apolitik kitlenin sonuca varmayacak hareketi gibi
okumayı seçti. Forumları domine etmek için
yapmaya çalıştıkları manevralar ise eylemciler
tarafından tepkiyle karşılandı.

Gezi hareketi, yaklaşan seçimler sebebiyle
yaygınlaşan AKP'yi sandıkta yenilgiye uğratma
söyleminin ilgi toplaması, polis şiddetinin sertliği
yüzünden yaralanma ve ölümlerin artmasından
doğan korku hali, refleksif bir hareket olmaktan
çıkıp sınıfsal ve bilince varılmış bir harekete
dönüşememesi, hareketi işyeri eylemlerine ve

grevlerine dönüştürerek hayatı sekteye uğratabilme yoksunluğu ve Taksim Dayanışması adı altındaki sonradan olduşturulan eylem yönetim biriminin – genelde DİSK, KESK ve kimi meslek örgütleri, sivil toplum kuruluşları ve irili ufaklı solcu burjuva partilerinden temsilciler yer alıyordu – direnişi seçimlere kanalize etme çabası gibi nedenlerle sona erdi. Gezi sonrasında senelerce süren tartışmalar ve davalar başladı. Devlet eylemcilerden intikamını almak için ölenlerin ardından ve hareketin bütünüyle ilgili çirkin ve saldırgan söylemlerini sürdürdü. Pek çok kişiye davalar açıldı. Cinayetlerin ve şiddetin failleri olan polisler yerine, hareketin yaşandığı dönemde gerçekleşen olaylar veya sosyal medya paylaşımları gerekçe gösterilerek pek çok eylemciye ceza yağdı. Yaralama ve ölümlere sebep olanlar ise göz göre göre koruma altına alındı. Osman Kavala isimli işadamı ise anlamsız bir şekilde hareketin organizatörü olarak işaret edildi. Bu yaklaşımın ardında toplumun rahatsızlığını görmezden gelme ve dışarıya böyle resmetmeye çalışma, bütün hareketi bir kişinin bireysel hırsına indirgeyerek değersizleştirme çabası yatıyordu.

10. Soma Katliamı ve Direnişi

13 Mayıs 2014'te Manisa'nın Soma ilçesinde gerçekleşen kömür madeni yangını Türkiye'nin en fazla can alan maden kazası olarak tarihe geçti. Resmi kayıtlara göre 301 kişinin hayatını kaybettiği katliam, 1992'de 263 işçinin hayatını kaybettiği Kozlu kömür madeni faciasından daha çok can aldı. 1941'den 2014'e kadar geçen sürede ise 3000'den fazla işçi maden kazalarında hayatını kaybetti. Bu korkunç tabloyu yaratan şey burjuvaların sermayelerini artırma hırsı ve denetimlerin ve güvenlik önlemlerinin bile isteye ihmali. Soma katliamının gerçekleşmesinde ayrıca katkı sunan faktörler; örgütlü olan Türk-İş'e bağlı Maden-İş'in sorunları bilmesine rağmen bir sendika olarak işlevini yerine getirmemesi, devlete bağlı işletme alanı olan bu madenlerin rödovans yöntemiyle -ne kadar kömür çıkarsa çıksın alma garantisiyle- kısa süreliğine kiraye verilmesi durumunun artması ve bu kısa sürede hızla en yüksek oranda verim alıp gitmek isteyen patronun baskısı... Bu faktörler Soma dışındaki madenlerde de pek çok işçinin ölmesine ve yaralanmasına sebep oluyor.

Patlamanın yaşandığı Soma madeni, çabuk alev almasıyla bilinen bir linyit madeniydi. Madenin yavaş ilerlemenin hayati öneme sahip olduğu bölgesinde, kısa sürede kazancını katlamak isteyen patron ilerlemeyi hızlandırdı ve çalışma saatlerini artırdı. Üstelik faciaya sebep olan yangından önce burada bir yangın daha çıkmıştı. Patronun emri ise yangının üzerine beton döküp işçilerin çalışmaya devam etmesi yönündeydi. İşçiler denileni yaptılar. İşyerinde çalıştığı iddia edilen dokuz iş güvenliği uzmanı ise bu durumları rapor etmeye kalkışmadı. Defalarca denetlenen madende denetimciler de bir sorun görememişti. Aslında bu tarz denetim zafiyetleri Türkiye'deki çalışma alanları için alışılagelmiş durumlardır. İş güvenliği uzmanları doğrudan patrondan maaşlarını alırlar. Patron ne derse onu yazmak zorundadırlar raporlarına ve buna uymazlarsa işsiz kalma ihtimalleri yüksektir. Denetim elemanları ise genelde patronlarla çay içip, bazen pastadan paylarını defter arasına sıkıştırıp temiz raporu vermekle meşhurlardır; lakin burada öyle mi oldu bilemiyoruz. Fakat şurası kesin, bu madende pek çok sorun olmasına rağmen kimse farkına varamamış (!) ve yeterli önlemler alınamamış. Tam da vardiya değişiminde, 787 işçi yeraltındayken elektrikli aletlerde çıkan arıza sebebiyle olduğu tahmin edilen bir patlama yaşandı. Elektrikler kesildi, böylece asonsör kullanılamadı. Çıkışa yakın olan bir grup işçi zorlukla dışarı çıkmayı başardı. Ölüm haberleri gelirken tüm Türkiye ekranlardan yalan haberleri izlemek zorunda kaldı. Yetkililer sayıyı düşük göstermekte ısrarcı olsa da gerçekler çok uzun süre gizli kalamadı. En nihayetinde tepki çekmek istemeyen Tayyip Erdoğan da bölgeye geçti. Erdoğan'ın gelişiyle işçilerin aileleri ve mesai arkadaşları kendiliğinden gelişen kitlesel bir eylemle yaşanan olaylara tepki gösterdi. Erdoğan'ın korumalarından biri tepki gösteren bir işçi yakınını tekmeledi ve bu kare acı olayın şokunu hala yaşayan işçi kitleleri tarafından çok tepki çekti.

Soma faciasına işçi sınıfı sessiz kalmadı: Zaten Ankara'da toplanmakta olan Yatağan işçileri olanları öğrenince bütün gece Güvenpark meydanında nöbet tuttu. Katliamın ardından Türkiye'nin pek çok bölgesinde yürüyüşler ve madenlerde iş bırakma eylemleri gerçekleşti. Eylemlerin bazılarına polis saldırdı. KESK, DİSK, TMMOB ve TTB bir günlük iş bırakma kararı aldı. Soma işletmesinde örgütlü Türk-iş ise üç dakikalık grevler yapma kararıyla işçilerin öfkesini üzerine çekmeyi başardı. 26 Mayıs tarihinde Soma işçileri işyeri güvenliği sorunlarına dikkat çekmek ve katliamın sonrasında sendikanın tutumunu protesto etmek için Maden-İş sendikasına doğru bir yürüyüş gerçekleştirdi. İşçiler toplu olarak sendikadan ayrılmak istiyorlardı. Sendikanın yaşananlardaki payını inkar eden nitelikte bir konuşma yapması işçilerin öfkesini artırdı ve bu öfkeyle Maden-İş'i işgal ettiler. Polisin müdahalesi üzerine işçiler sendikadan çıkıp kaymakamlık önüne yürüdü. Kaybettikleri dostlarının acısıyla öfkesine hakim olamayan işçiler tekrar Maden-İş'e yöneldiler. Yönetimin istifasını talep ettiler. Tabii ki bu talep yerini bulmadı ve hatta bir müddet sonra Soma faciasının yaşandığı bölgenin sendikal yönetiminde yer alan sendikacıların bazıları Türk-İş içerisinde terfi bile aldı. Soma faciası üzerine gerçekleştirilen yürüyüşler ilerleyen yıllarda da devam etti.

Tehlikeli bir iş kolunda çalışacak işçileri, kaza durumunda ne yapacağını dahi öğretmeyen 3 günlük eğitimlerle veya eğitim dahi görmeden belgeye imza attırarak işe aldılar. İşçilerin sendikası ve sendika temsilcisi yöneticiler tarafından belirleniyor, işçilerin bu kişileri seçmesi zorunlu kılınıyordu. Soma'da alanda işçilerin yönetimi dayıbaşı denilen bir tür ustabaşı tarafından gerçekleşiyordu. Bu kişiler işçileri tokatlayabiliyor, düzenli olarak işçiler üzerinde baskı kurarak işçileri daha fazla çalışmaya zorluyordu. 4-5 ay önce gerçekleşen bir göçük sebebiyle, 50 PPM olması gereken karbonmonoksit miktarı düzenli olarak yüksek ölçülüyordu. Hatta ölçümlerde yer yer 500 PPM'ye kadar çıkıyordu rakamlar. 30 derece civarında seyretmesi gereken sıcaklık ise bir süredir 46 dereceye yakın seyrediyordu ve katliam günü sıcaklık 46 dereceydi. Zehirli gazdan koruması gereken gaz maskeleri küflü çıktı. Kurtulan işçiler nefes alabilmek için maskenin hortumuna delik açmaları gerektiğini söyledi. Bunlar dışında daha pek çok ihmal ve uygunsuzluğa rastlandı. İşçilerin şikayetlerine rağmen üretime devam eden firma yetkilileri göz göre göre işçileri ölüme sürüklemiş oldu.

Bu katliam özellikle üst düzey patronların tamamen yanına kar kaldı. Korkunç gerçeklerin açığa çıktığı Soma davası 2018'de sonuçlandığında maden patronu Can Gürkan'a 15 yıl hapis cezası ve 3 yıl meslekten men cezası verildi. Tekrar mahkemeye başvuran Can Gürkan cezasını çekmeden serbest bırakıldı ve meslekten men cezası da kaldırıldı. Genel müdür ve bazı diğer yönetici ve yetkililere 7-22 yıl arasında değişen cezalar verildi; şirketin diğer ortakları ise beraat etti. Dava boyunca yargılanan 51 sanıktan sadece 5'i tutuklandıç İşçilerin avukatı ise gözaltına alındı, hatta ölen işçileri anan insanlara ve işçi yakınlarına karşı saldırılar da gerçekleşti. Mahkeme sürecinde devlete ait olan bölgedeki madenlerin işletme hakkının Soma AŞ.'den önce Park Teknik isimli bir firmaya verilmiş olduğu ortaya çıktı. 2009 yılında Park Teknik yaptığı incelemeler sonucunda "İleride telafisi mümkün olmayan olayların çıkma ihtimali ve yangın ihtimaline karşı" işletme haklarını iade ederek madenlerden çekilmişti. Yani hem devlet hem de şirket tarafından madenin tehlikeli olduğu biliniyordu. Olayların ardından yapılan bir açıklamada Soma AŞ. patronu, madenler devlet yönetimindeyken kömürün tonunun 140 dolara mal edildiğini, kendi yönetimlerinde bu oranın "özel sektör teknikleri kullanılarak" 23.8 dolara düşürüldüğünü açıklama yüzsüzlüğünde bulunurken, özel sektörün maliyeti düşürmek için işçi hayatını nasıl gözden çıkardığını gözler önüne sermiş oldu. Dava sonucu şirketin ve şirket patronlarının önünde ise sömürü ve katliamlarına devam etmeleri için hiçbir engel kalmadı. İşler tekrar başladığında işçiler eskisi gibi hayat riski alarak çok düşük ücrete çalışmaya başladılar ve zam talep ettiler. Bunun üzerine katliam ortağı devlet, katil patronlara işçilere verilmesi gereken zam için yardımda dahi bulundu.

11. Greif Direnişi

1500 işçinin çalıştığı İstanbul'daki ambalaj şirketi Greif'in fabrikalarında, 8 Kasım 2013'te DİSK Tekstil sendikası yetkili sendika oldu ve aynı gün bir işçi işten çıkarıldı. İşten çıkarmanın DİSK'in yetkili sendika olmasıyla ilişkili olduğu düşünülüyordu. Sekiz saatlik iş bırakmanın ardından işçi işe geri alındı. 10 Şubat 2014 tarihine gelindiğinde toplu iş sözleşmesi için masaya oturuldu ve patronun işçilerin taleplerini kabul etmemesi üzerine 500 kadar işçi bir araya gelmeye başladı. Talepler; taşeron sisteminin kaldırılması, ikramiye, maaşların artırılması, çalışma koşullarının iyileştirilmesi gibi maddelerden oluşuyordu. Greif'te işçilerin sadece 250'si kadroluydu. Geri kalanlar 44 taşeron firma adına çalışıyordu. Taşeron firma çalışanları ciddi hak gaspına maruz kalıyordu.

Toplu sözleşme olmayacağının haberini alan işçiler aynı gün Hadımköy'deki fabrikayı işgale başladılar. Dudullu fafbrikasından işçiler de işgal hazırlığı içerisindeydi fakat bu işgal gerçekleşemedi. Patronun sendikaya gönderdiği bir ihbar Hadımköy işçilerinin işgali sonlandırmaması halinde fabrikanın kapatılacağını bildiriyordu. Sendika, şirketin bunu yapmaya hukuken hakkı olduğunu açıkladı. Bu durum Hadımköy dışında kalan ve üretimin yaklaşık %70'ini gerçekleştiren aynı firmaya ait diğer üç fabrikanın greve katılmasını engelledi.

Direniş devam ederken 10 Nisan'da polis fabrikaya saldırdı ve 104 işçiyi gözaltına aldı; ifadelerini aldıktan sonra serbest bıraktı. Grev 60 gün sürdü ve hedefine ulaşamadan sonlandı. Mayıs 2014'te polis soruşturmasını tamamladı ve savcılığa suç duyurusunda bulundu. Bu dönemki dava düştü fakat dosya kapanmadı. 2017'de mahkeme tarafları tekrar dinlemek istedi. 2014'te şikayetçi olan taşeron firmalar 2017'de şikayetçi olmadı; ama Greif şikayetçi oldu. Bunun üzerine aralarında işgale karışmayan kişilerin de olduğu 191 işçiye "polise mukavemet" ve "iş ve çalışma hürriyetini ihlal" gerekçesiyle dava açıldı. Dava sonuçlanmadı ve 2020'ye ertelendi.

12. Yatağan Direnişi

2013 – 2014 tarihleri arasında tam 447 gün süren ve başarısızlıkla sonuçlanan bir direniştir Yatağan Termik Santrali direnişi. Küçük bir kasaba olan Yatağan'da 90'lı yıllarda santral ve madenlerde çalışan kişi sayısı on binleri buluyordu ve bu durum bölgeyi bir işçi kasabasına dönüştürmüştü. 2013 yılında bu rakam 1200 – 1300 kişiye düştü. Yatağan'da 2013'e kadar 18 yıl boyunca özelleştirmelere karşı eylemler yapıldı. Bu eylemler özelleştirmeleri ertelemeyi sağladıysa da hükümet bu bölgedeki özelleştirmeleri gerçekleştirmek için rutin olarak çaba göstermeye devam etti. 90'lardaki irili ufaklı eylemler, fabrika işgalleri ve santrali satın almak isteyenlerin engellenmesi sonucu özelleştirmenin gerçekleşmesinin önüne geçti.

2000'de Ciner Holding'e işçilerin direnişine rağmen satılan santrali gezmek isteyen holding yönetimi yanında 800 – 900 kişiden oluşan bir jandarma ekibiyle firma binasına yaklaştığında işçiler binanın kapısını kaynak makinesi ile kapatıp barikat oluşturdu. İşçilerin 'büyük direniş' diye adlandırdığı 2000 yılında gerçekleşen bu mücadeleye bölge sakinleri, destekçiler ve işçi aileleri ile birlikte 10 – 15 bin kişi katıldı. Askerin saldırısı sonucu çatışma yaşandı ve 18 kişi gözaltına alındı. O gün yeni patronu içeri sokmayan işçiler sonunda patronun şirketi devlet patronlarından almak istememesiyle sonuçlandı.

2013 tarihine kadar Yatağan'da çok şey değişti. Hem şehirleşme hem de düzenli işten çıkarmaların sonucunda bölge nüfusu ve fabrikanın çalışan sayısı inanılmaz azaldı. Tarımla uğraşan köylü de burada başka bir mücadele veriyordu. Santral sebebiyle doğal kaynakları kirlenen köylü tarım yapamaz hale geldi. Ürettikleri gıdalar kimyasal atıklar içeriyordu. Bu konuda düzenli olarak şikayetlerde bulunan köylü bir sonuç alamayınca yavaş yavaş tarımı bıraktı ve eskiden ürettiği gıdaları dahi satın alacak duruma düştü. İşçilerle köylülerin arası da açılmaya başladı. Köylüler, işçilerden kendi mücadelelerine yeterli destek göremediklerini düşünüyordu. Ayrıca işçilerin onlardan iyi kazandıklarını, bundan dolayı onları hakir gördüklerini düşünüyor ve artık işçilerin direnişlerine destek vermek istemiyorlardı. Kısacası bölgede hem zehirli atıklara hem de özelleştirme ile gelen hak kayıplarına karşı mücadeleyi birlikte sürdürebilme ve dayanışma sorunu yaşanıyordu.

2013'te başlayan 447 günlük direnişte kişi sayısı düzenli olarak değişmekle birlikte direniş alanında 100 – 400 civarı işçi görüldüğü olmuş. Ankara'ya gelip parklarda ve mitinglerde direnişlerinden söz eden işçiler, işyeri önünde de direnişi sürdürdüler. 70 gün Ankara'da çadır kurup kaldılar. Uzun süren grev boyunca pek çok işçi direnişi bırakıp çalışmaya döndü veya başka bir işe girdi. İşyeri tam anlamıyla kapanmadı. Maden işçileri ve santral işçilerinin birlikte güçlü bir mücadele göstermesi mümkün olmadı. Tekel direnişi ve Gezi eylemlerinin işçiler üzerinde etkileri olduğu söylenebilir: Mesela çadır kurmayı Tekel'den öğrenmişlerdi; Gezi ise onlara mücadeleleri hakkında konuşacak bir platform sağlamakla birlikte, direnişi genişletme potansiyelini yanlış zeminde harcamalarına sebep oldu. Gezi, işçilere devam etme cesaretini veriyordu vermesine ama greve çıkarak onlarla birlikte direnişe geçecek ve onların kazanmasını sağlayacak alan bu değildi. Geziciler işçilerden çok şey öğrenmiş olsa da işçiler için bu süreç aleyhlerinde işleyen zamanın boşa harcanması oldu; çünkü çoğunlukla öğrenci ve beyaz yakalıdan oluşan bu kesimin ciddi bir dayanışma grevine çıkmak gibi bir olanağı yoktu. Üstelik işçilere imza kampanyası düzenlemek, meydan konuşmaları yapmak gibi işlevsiz aktivizm araçlarını öneriyorlardı. İşçiler bu süreçte kendileriyle aynı koşulları yaşayan veya yaşayacak olan onlarca belki yüzlerce işletmeyi gezip buradaki işçilerle iletişim kurmayı, sendikayı benzer durumda olan diğer işçilerle bir araya getirmesi yönünde zorlamayı, lokalde, kendi yaşadıkları köylerde ve iş yerlerinin direnişe katılmayan kollarında direnişlerine destek bulmayı ve kendi çalıştıkları işletmeyi kapalı tutmayı başarabilselerdi kazanma şansı bulabilirlerdi. Ayrıca işçilerin de vurguladığı gibi ne yapacaklarını bilmemeleri onların duydukları her fikri denemeye çalışmalarına veya sendika yöneticilerinin dediklerine uymalarına sebep olabiliyordu. Özellikle eskiden mücadelede ön planda yer almış işçilerin artık işyerinde bulunmaması mücadele tecrübelerinin aktarımının önüne geçiyordu.

Sonuç olarak işçiler direnişlerini ufak iyileştirmeler elde ederek, sendika ısrarına ve işçilerin çoğunu eline geçiren yılgınlığa yenik düşerek sonlandırdı. Sendika yöneticileri süreç içinde fabrika işgaline ve işçilerin sert söylemlerine karşı *"Biz işyeri terketmeme eylemi yapıyoruz da resmen işgal bu! Cezası 8 yıl. Devlet bize toleranslı davrandı. Sonuçta sabırları var. İşten atılan benden hesap sorar. Santrale gelenler bir şey yapsa bunun altından nasıl kalkarız? Bana kazandı da sattı da diyecekler. 4-C'ye geçişin uzatılması Yatağan direnişi sayesinde oldu (...),"* gibi sözlerle karşılık verdi. Alıntıladığımız söz Türk-İş'e bağlı Tes-İş Yatağan Şube Başkanı Fatih Erçelik'e ait. Sonuçta işçiler ne 4-C'den kurtulabildiler ne de diğer talepleri tam anlamıyla sağlanabildi. Sendika liderleri ve patronlar basından gizledikleri on maddelik bir protokol imzaladılar ve özelleştirme gerçekleşti. İşçiler için ciddi hak kayıpları yaşandı. Pek çok işçi işsiz kaldı.

13. Metal Grevleri

2017 verilerine göre Türkiye'deki 1 milyon 623 bin sendikalı işçiden 273 bin 194'ü metal işçisi. Demir çelik sektörü iş kazalarının en fazla yaşandığı, ağır çalışma şartlarına sahip sektörlerden biri. Türkiye'de bu sektörde 50'li yıllardan itibaren mücadelenin yaşandığı görülmekle birlikte 70'lerden beri dönem dönem sayısı on binleri bulan kitlesel direnişler gerçekleşti: 1973 - 75 grevleri, 77 - 80'deki MESS grevleri ve 98'deki Türk Metal grevi onbinlerce kişinin katıldığı, demir çelik işçisinin mücadele kültürünün aktarımını sağlayan ve işçilerde hatırası olan kitlesel olaylar olarak tarihe geçti. Toplu sözleşme şartlarının işçilerin taleplerini karşılamaması veya toplu sözleşme hakkına saldırılar, güvenlik önlemlerinin yeterince alınmamasından kaynaklı yaşanan yaralanmalar ve ölümler, uzun süreler sağlıksız koşullarda çalışmanın dayatılması, sendika ve sigorta haklarına müdaheleler işçileri harekete geçiren faktörler arasında yer alıyordu.

Metal işçisi Türkiye'de demir çelik sektörünün büyümeye başlamasıyla birlikte daha güçlü bir şekilde mücadeleye başladı. Bu mücadele patronların 1959 yılında Türkiye Metal Sanayicileri Sendikası'nı (MESS) kurarak işçilere karşı örgütlü mücadeleye geçmelerini doğurdu. Bu tarihten sonra toplu sözleşmeler MESS ile yapıldı. Alışık olunan pratik şöyleydi: MESS ile masaya oturan sendika yöneticileri tabandan ciddi baskı gelmiyorsa sözleşmelerini imzalarlar; tabandan tepki geliyorsa biraz geri çekilirler. MESS genelde önce Türk-İş'e bağlı Türk Metal sendikasıyla masaya oturur. İşçilere doğru dürüst bir açıklama bile yapmadan Türk Metal sözleşmeye imzayı atar. Sendika tabanından tepkiler bazen yükselir, bazen yükselmez. Bir süre daha direnmeyi düşünen diğer sendikalara bu anlaşma dayatılır ve onlar da aynı anlaşmaya veya biraz daha iyileştirilmiş bir versiyonuna imza atarlar. Metal işçilerinin tüm bu süreçten çıkaracağı ders, greve çıkmazlarsa patronların standartlarına boyun eğmiş olacaklarıdır.

2013'te çalışma saatlerinin arttığı ve maaşların genelde yerinde saydığı, iş kazalarının ve buna bağlı ölümlerin sıklıkla yaşandığı sektörde; Asil Çelik, Koroman Çelik gibi büyük demir çelik firmalarında başlayan grevlerin ardından İSDEMİR'de 5 bin 700 ve MMK'da bin 600 civarında işçi greve çıktı. Grevlerin başlamasını tetikleyen olaysa toplu sözleşme şartlarının kabul edilemez nitelikte olması ve haksız işten çıkarmalardı. Pek çok şehirde direniş çadırları kuruldu ve fabrikalar durdu. 22 gün süren direnişin ardından toplu sözleşmeler imzalandı. Grev süreci ise şöyle seyretti: O dönemde başbakan olan Erdoğan adamlarına grevin bayramdan önce bitirilmesi talimatını verdi. Emri alan dönemin Adalet Bakanı ve Çalışma ve Sosyal Güvenlik Bakanı arabulucu olarak toplu sözleşme için tarafları bir araya getirdi. İşçilerin tarafını temsil eden Hak-İş'e bağlı Çelik-İş Genel Başkanı Cengiz Gül masada yer alanlardandı. Grevin 22. gününde 'masada iki bakan

otururken onları kırmanın doğru olmayacağını'
belirten sendika başkanı işçilere sormadan anlaşmayı
imzaladı. Gül, "Her gün bir iki işçi atılıyordu. İki
bakanın huzurunda bu konuyu konuştuk ve
mutabakata vardık. İşçi çıkışı mümkün olmayacak.
İşçi atılımları engellenecek. Teminat hükümet
olacak. İki bakan bunun takipçisi olacak. Üç puan
düşük orana imza attık ama iş güvencesini sağlamış
olduk" diyordu. Sözleşmeden kısa bir süre sonra
mücadelede ön plana çıkan yüzlerce işçi işten
çıkarıldı. Postabaşı denen ustabaşıların pek çok
işçiyle daha kolay iletişim kurabilmeleri ve işçiler
üzerinde etkilerinin olması sebebiyle onların
konumlarıyla ilgili de değişiklikler yapıldı:
Postabaşılar formen olarak sınıflandırılıp beyaz
yakalı memur statüsüne getirildi. Formenlerin
sendikasızlaştırılması ve işçilerle iletişiminin
koparılması yoluyla gelecekte gerçekleşebilecek
grevlerde etkin rol almalarının önüne geçilmiş oldu.
    Metal işkolu; çalışma koşullarının ağırlığının
yanı sıra işçilerin sürekli bir denetim ve baskı altında
tutulduğu, işçiler arası hiyerarşinin hüküm sürdüğü
bir sektör. Sendikal bürokrasi ise bu hiyerarşinin
'sorunsuz' işletilmesi ve sömürünün
katmerleştirilmesinin en büyük aracı. Sendikada söz
hakkı olmayan, çalışma koşullarının ağırlığına
karşılık emeğinin gerçek karşılığını alamayan,
sendikanın işleyişine ve aldığı kararlara ilişkin
itirazını dile getirmeye kalkışan işçilerin kapı önüne
konulduğu bir ortamda, metal işçileri için bardağı
taşıran son damla 2014 yılında Türk Metal ile MESS
arasında imzalanan grup sözleşmesi oldu. İmzalanan

sözleşme ile ücretlere ilk altı ay için yüzde 3,78 artı işyeri saat ücreti ortalamasının yüzde 6'sı oranında bir zam yapılırken, sözleşme süresi de 3 yıla çıkarıldı.

2015 yılında bu sefer Bursa'da hareketlilik başladı. Bosch fabrikası işçileri toplu sözleşmeden memnun kalmayıp greve çıkmak istedi. Bu tehdit dahi toplu sözleşmede bir iyileşme yarattı. Mayıs ayı geldiğinde Bursa Renault fabrikasında çalışan 16 işçi, Türk Metal'in işçilerin haklarını gözetmeyen tutumundan dolayı sendikadan ayrıldı ve sendikanın şikayetiyle ayrılan işçiler işten çıkarıldı. Bunu duyan diğer işçiler hemen iş bıraktılar ve atılan 16 kişi saatler içerisinde işe geri alındı. 5 Mayıs'ta Renault işçileri direnişe başladı ve 14 Mayıs'ta greve çıktı; bu sefer hep birlikte Türk Metal'den ayrıldılar. Kısa bir süre içerisinde mücadele Bursa'daki diğer otomotiv ve metal fabrikalarına yayılmaya başladı. Önce TOFAŞ ve Coşkunöz'deki işçiler iş bıraktı. Ardından Mako fabrikası, sonra da Valeo, Otorim ve Delphi fabrikaları Bursa'daki büyük direnişe katıldılar. Bu arada 20 Mayıs günü İzmit'te Ford Otosan ve Hyundai işçileri, Ankara'da ise Türk Traktör işçileri grev dalgasına dahil oldular. Bazı fabrikalarda işçilerin eşleri ve çocukları da grevde yer aldı.

Direniş işçilerin kendi aralarında kurdukları komitelerce yönlendirildi ve bu komitelerden net talepler ortaya çıktı. İşçilerin talepleri ana hatlarıyla şunlardı: Türk Metal'in fabrikalardan çıkması ve sendika seçme hakkı, mücadeleye katılan kimsenin işten atılmaması ve Bosch'ta yapılan sözleşme temelinde ücretlerde iyileştirme yapılmış yeni bir sözleşme imzalanması. Bosch'ta imzalanan sözleşme ile Türk Metal'in MESS ile yaptığı ve Türk Metal üyesi bütün üyeleri bağlayan sözleşme arasında ciddi bir fark bulunuyordu: Toplu iş sözleşmesine göre işçilerin alacağı saat başı ücret, Bosch işçilerinin kazandığı sözleşmeye göre ortalama iki lira daha düşüktü. Bu da aylık maaşlarda 500 – 600 lira civarı bir farka tekabül ediyordu.

16 gün süren direniş boyunca birlikte hareket etmeyi başaran Renault işçisi, taleplerini büyük oranda patrona kabul ettirdi. Birliğini koruyamayan, iç örgütlülüğü zayıf olan fabrikalarda ise patronlar direnişi kırmayı başardı. TOFAŞ, Ford Otosan ve Türk Traktör'de yaşanan kırılmalar nedeniyle direniş işçilerce bitirildi. Ardından direnişe öncülük eden pek çok işçi işten çıkarıldı. Grevden sonra Renault'da işçiler ortak kararla DİSK'e bağlı Birleşik Metal-iş'te örgütlenirken, TOFAŞ işçileri Çelik-İş sendikasına üye oldu. Renault dışında diğer fabrikalarda işçilerin birliği ciddi yaralar alırken, Renault işçileri birliklerini uzunca bir süre korudu. Asgari ücrete gelen zammın ardından Renault işçileri "ek zam" talebiyle yeniden eylemlere başlarken, direnişin yaşandığı fabrikalar başta olmak üzere tüm metal işkolunda "yeniden bir araya gelme" tartışmaları da başladı. 5 Mayıs'ta sendikasız 16 gün direnen Renault işçileri, Birleşik Metal-İş Sendikası'na üye olmalarına rağmen ek zam talebiyle yapılan eylemler nedeniyle yaşanan işten çıkarmalara karşı bir gün bile direnemedi. 5

Mayıs'ta inisiyatifi tümüyle ellerine alan, her kararı birlikte alan ve uygulayan Renault işçileri, Birleşik Metal-İş'e üye olduktan sonra inisiyatifi sendika bürokratlarına bıraktı, bürokratlar da işçilerin işten atmalara karşı direnişe geçelim talebine "yasal değil" diyerek karşı çıktı. Renault patronu, MESS, kolluk güçleri ve sendikal bürokrasi karşısında tek başına kalan, diğer fabrikalardan destek alamayan Renault işçileri bu son saldırıyı püskürtemezken, 80 işçi işten atıldı.

2017 yılının sonlarına doğru toplu iş sözleşmesi görüşmeleri yeniden başladı. 130 bin metal işçisini kapsayan grup sözleşmeleri, MESS'in "İşçilerin taleplerinin kabul edilemez olduğu" açıklamasıyla düğümlendi. Patronların sendikası MESS, kesinlikle taviz veremeyecekleri "üç kırmızı çizgi" olduğunu açıkladı: 3 yıllık sözleşme yapmak (İşçiler 2 yıllık sözleşme istiyordu), devamsızlık günleri için ikramiye ödememek, işçilere istedikleri %40 oranındaki zammı vermemek. (Memurların 6 ay için %4 zam aldığını belirterek %3 zam vermeyi önerdiler ve kabul olmayınca ikinci teklif olarak %13.2'lik zam oranını teklif ettiler). Dahası kıdem zammına da karşılardı.

MESS'in yaptığı açıklama işçilerce öfkeyle karşılandı. Bir araya gelip harekete geçmeye kalkışan işçilerin karşısında sadece MESS yoktu. Türk Metal yönetimi işçileri yapılacak anlaşmaya hazırlama çalışmalarına başlamıştı bile. İşçilerin beklentisini aşağı çekmek için söylentiler yayıyordu. Bu durum işçilerde 2015 grevinden sonra biraz da olsa kendine çeki düzen vermiş olan Türk Metal'in eski haline geri döndüğünü düşündürdü. Bu sebeple pek çok işçi sendikaya da tepki duyuyordu. Eylül 2019'dan itibaren geçerli olacak sözleşmenin uzlaşılamayan maddeleri işçilerin yıllarca mücadele ederek kazandığı pek çok hakkın gaspını da beraberinde getiriyordu.

Birleşik Metal-İş, Türk Metal ve Çelik İş'in, 2 Şubat'ta greve çıkılacağı yönünde karar aldıklarını duyurmasının hemen ardından devlet, 26 Ocak'ta OHAL'i bahane ederek "milli güvenlik" gerekçesiyle grevi 60 gün ertelediğini açıkladı. İşçilerin yanıtı sertti; baskılara kulak asmadan greve kesinlikle çıkacaklardı. Pek çok ilde açıklamanın yapıldığı gün ve sonrasında bir saatlik iş brakma eylemleriyle karar protesto edildi. Protestoların ardından anlaşma çağrısında bulunan MESS, toplantıda %24,63 zam oranına ve 2 yılda bir sözleşme imzalamaya razı olmak zorunda kaldı. İşçilerin ortaklaştığı maddeler üzerinden tartışma sürdü ve sözleşme pek çok yönden işçilerin kriterlerine yakın hale getirildi. Her ne kadar bir anlaşma sağlanmış olsa da işçiler başlangıçta talep ettikleri her şeye ulaşamadılar.

Türkiye'de metal sektörü, sendikalı işçi sayısının diğer sektörlere oranla daha yüksek olduğu, özellikle toplu sözleşme dönemlerinde kitlesel eylemlerin yaşandığı bir sektör. Hatta 2020 yılının Ocak ayında da grev gündeme geldi. MESS masaya %6.05 zam oranıyla oturdu. Türk Metal ve Çelik İş %26, Birleşik Metal-İş %34 zam istedi. Uzlaşma sağlanamayınca iş yavaşlatma, iş durdurma gibi eylemler; ayrıca Bursa ve Gebze'de iki büyük miting gerçekleştirildi. Greve çıkmayı planlayan sendikalara cevaben MESS lokavt kararını açıkladı. Tüm bunların ardından Türk Metal ve Çelik İş %17 için imzayı attı. Birleşik Metal İş ise temsilciler kurulu oylamasıyla 5 Şubat'ta greve çıkma kararı aldı. Bakanlık, ILO sözleşmesi gereğince toplu sözleşmeye müdahele sayılan arabuluculuk göreviyle tarafları tekrar masaya oturttu. Birleşik Metal İş işçilerle tartışmadan diğerleriyle aynı sözleşmeye imza attı.

14. Flormar Direnişi

Gebze Organize Sanayi Bölgesi'nde Flormar kozmetik firmasında çalışmakta olan işçilerin bir kısmı daha iyi koşullar elde etmek için 2018'de Türk-İş'e bağlı Petrol-İş sendikasına üye oldu. Sendika çoğunluğu elde edip yetkili sendika olmayı başardığında ise sendikaya üye olan 115 işçi işten çıkarıldı. Fabrika önünde direnişe başlayan işçilerin iş arkadaşları alkışlarla desteklerini sunuyordu. Bunu gören şirket yönetimi alkışlayan işçilere "*mola saatlerinde ve muhtelif zamanlarda yasadışı eylem yapan kişilere destek vermeniz, çalışma ortamında huzuru bozmanız, doğruluk ve bağlılığa uymayan davranışlarda bulunduğunuz tespit edilmiştir*" tarzında tebligatlar gönderip işten çıkardı veya istifaya zorladı. Böylece işten çıkarılanların sayısı 132'yi buldu.

İşçilerin talepleri arasında işlerine geri dönebilmek, kıdem ve ihbar tazminatlarını alabilmek, işveren tarafından sendika yetkisine karşı yapılan itirazın kaldırılması yer alıyordu. Flormar direnişi medyada fazlasıyla yer buldu. İşçilerin büyük çoğunluğunun kadın olması ve fabrikanın kadınlara yönelik ürünler üretiyor olması direnişe kadın ve LGBT sivil toplum örgütlerinden boykot çağrısı tarzında pasif destek sunulmasını sağladı. İşçilerin direnişi 297 gün sürdü. Flormar tarafından işçilere 12 maaş sendikal tazminat, boşta geçen süreler için de 4 maaşlık bir ödeme teklif edildi. 297

gün sonra şirket avukatlarının ilettiği ilk yazılı teklifti bu. Anlaşma koşulları işçilerin tazminatlarının ödenmesini kapsıyor ama işe geri dönmeyi içermiyordu İşçiler 73 direnişçinin katıldığı bir toplantı düzenledi. Burada işçilerin 53'ü anlaşmayı kabul ederken 20'si reddetti.

Uzun süren ve bolca konuşulan direniş böylece pek çok benzeri gibi büyük oranda kayıpla sona erdi. İşletme yönetiminin sendika karşıtlığı, Türkiye'de özellikle özel sektörde bolca rastlanılan tarzda bir tutumdu. Bu tip direnişlerin pek çoğunda olduğu gibi işletme işine devam ederken aylarca sürdürülen direniş, işçileri daha azına razı olacak hale getirdi. Böylelikle tam kazanıma ulaşamadan direniş sona erdi. Flormar'da çalışan diğer işçilerin sendikalılaşma süreci de sekteye uğradı.

15. (İstanbul) Havalimanı Katliamı ve Direnişi

2013 tarihinde İGA şirketi (Kalyon – Cengiz – Mapa – Limak Ortak Girişim Grubu) 3. Havalimanı ihalesini 22,152 milyar euroluk bir teklifle aldı. Bunun ardından gerçekleşen bir takım itirazlar sebebiyle mahkeme inşaatı durduysa da karar bozuldu ve inşaatın temeli 7 Haziran 2014'te atıldı. İnşaatın çevreye etkilerini incelemek için 3. Havalimanı proje sahası, çevresinde havalimanı inşaatı sebebiyle açılan taş ocakları ve havalimanına giriş sağlayan Kuzey Marmara Otoyolu için kesilen ağaçlar hesaplandı. Kuzey Ormanları Savunması (KOS), İstanbul Havalimanı Çevresel Etki Değerlendirme (ÇED) raporunda 2,5 milyon ağaç kesileceğinin belirtildiğini fakat uydu görüntüleri üzerinden yapılan hesaplamayla 13 milyon ağacın kesildiğini açıkladı. *"6500 hektarlık bir alanda yaşayan tüm yaban hayat canlıları, ağaçlar, hayvanlar, bitki türleri evlerinden yerlerinden oldu ya da yaşamını kaybetti"* açıklaması yapıldı. 70'i aşkın hayvan türü ve sayısız endemik bitki türü zarar gördü. Ayrıca bu bölge sulak alan kapsamındaydı. Köylülerin hayvanlarını otlattıkları meralara da sahip olan havalimanı alanı, içinden çayların ve derelerin geçtiği, küçük göletlerin yer aldığı bir bölgeydi. Aslında bu durum inşaat için uygunduz bir zemin de oluşturuyordu. Nitekim açılışa iki ay kala zeminde göçükler dahi oluştu.

Havalimanı inşaatında 500 – 1500 arasında değişen sayılarda taşeron firma yer aldı. İnşaat başladığında işçi sayısı 16 bin 500 iken, diğer senelerde 30 bin civarında seyretti. İşe başlayıp farklı sebeplerden işten ayrılanlarla birlikte şirkete inşaat işçisi olarak girişte bulunmuş insan sayısı 2015'ten 2018 Şubat ayına kadar 200 binden fazladır. Revir çalışanları, mühendisler ve daha pek çok alandan işçiler bu rakamlara dahil değil. Kısacası çok geniş bir alanda binlerce insanın yaşadığı küçük bir şehre benzeyen şantiye işçilerin neredeyse tamamı için düzenli yaşam alanıydı; ya da işçilerin değimiyle büyük bir hapishane veya toplama kampı.

Türkiye'de en yüksek işçi ölümü oranlarına sahip olan inşaat sektörünün patlama yaptığı yıllarda başlayan "mega projeler" furyasının en dikkat çeken örneklerinden biri olarak karşımıza çıkan 3. Havalimanı, bir türlü kanıtlanamayan ve verileri hasır altı edilen ama bazı çalışanlarca sızdırılan bilgilere göre 400'e kadar çıkan farklı rakamlarla ifade edilen sayıda işçinin mezarı oldu. 400 işçinin öldüğünü ifade eden ismini vermek istemeyen bir kamyon şoförü, işçilerin ailelerine susmaları için para ödendiğini, zaten çok yoksul olan ailelerinse bu parayı kabul etmek zorunda kaldığını röportajında dile getirdi. 400 işçinin ölümü meselesinin bir muhalefet partisi vekili tarafından da mecliste dillendirmesi ve bu konuda rapor hazırlamasıyla, yaşananlar muhalif medyada yer bulmaya ve daha yaygın bir şekilde tartışılmaya başladı. Bunun üzerine hükümet bir açıklama yapmak zorunda kaldı: Resmi açıklamaya göre inşaat alanında 27 işçi hayatını kaybetmişti. Bu bahsedilen verilerse Şubat 2018 tarihine kadarki sürece ait. Kısmen açılış 29 Ekim 2018 tarihinde yapıldı ve 2020 yazına üçüncü pistin açılması planlanıyor. İnşaatın tamamen sona ermesi ise 2025 veya 2027 tarihini bulabilir diye düşünülüyor. Dünyanın beşinci büyük havalimanı olan İstanbul Havalimanı, tamamlandığında yıllık 200 milyon yolcu kapasitesine sahip olacak.

İnşaata karşı ilk eylemler 2014 yıllında çevrecilerden ve bölge sakinlerinden geldi. Bu eylemler medyada yer bulduysa da inşaatın ilerlemesine hiçbir etkide bulunamadı. İnşaat süreci başladığında, işçilerin 'cennet gibi' dedikleri uçsuz bucaksız araziler çamur ve balçıklarla kaplandı. İşçiler ekmek parası kazanmak için bu yıkımı gerçekleştiren tarafta yer almak zorunda kaldıklarından duydukları üzüntüyü verdikleri gizli röportajlarda ifade ettiler. Bu yıkımı korkunç bulsalar da işten ayrılma gibi bir seçeneği olmayan işçiler, kısa bir süre sonra katledilenler arasında yerini almaya başladı. Medyaya ilk yansıyan vaka 2016'da geldi. Güvenlik önlemlerinin alınmaması sebebiyle gerçekleşen kazada ölen işçinin ardından bazı işçiler medyaya konuşmaya başladı. O güne kadar pek çok iş kazası geçirildiği, çok daha fazla ölümün olduğu ve şantiyedeki insanlık dışı koşullar işçilerin gizli verdiği röportajlarla gün yüzüne çıktı. Bütün bunlar yaşanırken İGA CEO'su 20 bin olan işçi sayısını 80 bine çıkarmayı hedeflediklerini ve havalimanını tamamlamak için çalışanların 24 saat hız kesmeden çalıştırıldıklarını ifade ediyordu. Gerçekten de çalışanlar iki vardiyalı olarak 24 saat çalışıyordu. İşçilerin çoğu 16 saatlik vardiyalarda çalışıyorlardı. İşçilerin ifadesiyle *"Çay saati yok, mola yok. Nefes almak yok. Tatil yok."* Balçık içinde çalışan işçilerin temel ölüm nedenleri arasında; önlemleri alınmamış yüksekliklerden düşme, aşırı yük yüklenmiş kamyonların devrilmesi sonucu ezilme veya kazanın etkisiyle hasar alma, trafik kontrolü ve uyaranları olmadığından trafik kazalarına kurban gitme, uyarı levhaları ve ışıklandırmaları bulunmadığından çukurlara veya tehlikeli alanlara düşme, yeterli eğitim verilmediğinden ve doğru uyaranlar kullanılmadığından iş aletleri tarafından zarar görme gibi faktörler yer alıyordu. Görüldüğü gibi işçilerin uzun saatler çalıştırılması ve güvenlik önlemlerinin alınmaması ölümlerin ortaya çıkmasının temel sebebiydi. Ayrıca verilen mücadelenin kitlesel, sürekli ve örgütlü bir şekilde gerçekleştirilememesi, farklı taşeronların işçilerinin birbiriyle iletişim kuramaması cinayetlerin durdurulması için daha güçlü mücadele edebilmeyi engelliyordu. Sıralananlar dışında daha pek çok faktör vardı işçilerin iş kazalarına kurban gitmesine ön ayak olacak türden. Bu veriler sonraki yıllarda daha fazla açığa çıkmaya başladı ve en nihayetinde 2018 yılında iyice görünür oldu.

İşçiler seneler boyunca pek çok direnişte bulundu. Eylemler bazen sadece bir veya birkaç taşeron firmada çıkıyor, bazen bütün şantiyeye yayılıyordu. Ama bu eylemler bir iki günlük eylemler olarak kalıyor, ciddi bir kazanımla sonuçlanmıyordu. Normalde iki kişinin kalması gereken konteynerde altı kişi kalıyordu. İşçilerin direnişiyle bu bir dönem dörde düşürüldüyse de tekrar altıya çıktı. İşçilerin konteynerlerinde tahtakuruları vardı. Tuvalet ve banyolar yetersizdi ve düzenli temizlenmiyordu. İşçiler düzenli olarak formenlerin ve yöneticilerin aşağılamalarına maruz kalıyordu. Servisler yetersizdi, metrelerce servis kuyrukları oluşuyordu. Servis sorunu pek çok işçinin yemek saatini kaçırmasına ve aç kalmasına sebep oluyordu. 14 – 16 saat çalışmış işçiler yağmur altında, soğukta saatlerce beklemek zorunda kalıyordu. Bu durum düzenli olarak isyan tetikleyen bir faktör olarak göze çarpıyor. İşçiler bu bekleme sürelerinde çileden çıkıp defalarca yönetim binasına yürüyüş yaptı ve iş bıraktı. Üstelik işçi sayısına uygun miktarda yemek de çıkmıyordu: Sabah ve öğle yemekleri birkaç parça sebzeyle geçiştiriliyor, işçilere düzenli olarak doyurucu yiyecekler sunulmuyordu. Sağlanması zorunlu eğitimler verilmiyordu. İş giysileri yenilenmiyor, tehlikeli alanlarda çalışanlar için ona uygun giysiler sağlanmıyordu. Ücretler işe başladıkları zaman söylendiği miktarlarda çıkmayabiliyor, üstüne maaşlar aylarca geciktiriliyordu. Pek çok işçiye giriş çıkış kartı bile verilmediğinden işçiler dışarı çıkıp kente gidebilme imkanı bulamıyordu. Tabii zaten insanlık dışı çalışma koşullarından dolayı şehre gitmek için gereken bedensel kuvveti ve boş vakti bulamıyorlardı.

Bir de ardı arkası kesilmeyen yaralanmalar ve ölümler vardı. Kazalarda ölen arkadaşlarının cesetleri özel arabalarla bir yerlere götürülüyor, akıbetlerine dair hiçbir bilgiye ulaşılamıyordu. Ölüm haberlerini gazetelerde aradıklarında bulamıyorlar ve kendi canlarından korkar hale geliyorlardı. Şantiyede başka ülkelerden gelen işçiler de çalışıyordu. Onların akıbetlerine dair elimizde en ufak bir veri yok. İşçilerin isyanlarından dolayı korkuya kapılan yönetim artık ambulansların siren çalmasını bile yasaklamıştı. Böylece işçiler kaç kişinin öldüğünü, kaçının yaralandığını sayamaz oldu. İşçiler bu sorunları dışarı yansıtmaya korkuyorlardı; çünkü İGA'nın dışarıdan çalışan bir sosyal medya ekibi vardı ve işçilerin sosyal medya hesapları ve röportajları özenle takip ediliyordu. Bir sorun çıkardığı tespit edilen işçiler onca zaman çalıştığı maaşını dahi alamadan kapı önüne konuluyor, sendika bağlantısı tespit edilenler ise dövülerek gözaltına dahi alınabiliyordu. Hatta kamerayla kayıt alan veya sosyal medyada içerideki zulüm hakkında yazan işçiler bile gözaltına alınabiliyordu. Tabii pek çok ölümün yaşandığı ve üstünün örtüldüğü bir yerde cinayete kurban gidilmeyeceğinin de hiçbir garantisi yoktu. İşçi ölümleri incelenmediğinden ve ölüm sebepleri soruşturulmadığından bu ölümlerin nasıl ve neden gerçekleştiğini bilmek mümkün değil. Çalışma esnasında gerçekleşen ölümleriyse o sırada çevrede bulunan işçilerin anlatımları sayesinde biliyoruz. İşçilerin aktardıklarına göre her gün bir ölüm haberi veya iş kazası haberi duyuluyordu. İşçiler işten atıldıklarında başka iş yerlerinde de iş bulamaz oluyorlardı, inşaat sektörü patronlarının kurduğu burjuva sınıfı dayanışması sebebiyle. Bir toplama kampını andıran bu alanda, çamur yağmurları arasında yaşayan işçiler için reva görülen zorluklar bunlarla da kalmadı.

2018'e gelindiğinde şantiyede çalışan işçi sayısı 36 bini bulmuştu. Bu yıl boyunca işçiler isyanlarına devam etti ve yine polis ve jandarma şiddetine maruz kaldı. Havalimanının açılış tarihi yaklaştıkça işçiler üzerindeki baskı da arttı. En ufak ayaklanma daha sert polis ve jandarma saldırısını beraberinde getirdi. Sendikalar düzenli olarak saf dışı bırakılmaya çalışıldı, temsilciler sıklıkla şantiyeye alınmadı. Burada örgütlenme yapmaya çalışan DİSK'e bağlı Dev-Yapı-İş ve taban sendikaları İyi-Sen ve İnşaat İş aracılığla pek çok bilgi dışarı sızabildi. İçerde işçiler komiteler oluşturmuştu. Eylemlerden sonra yetkililere iletilen - eğer yetkili lütfedip incelemeyi kabul ederse - talep listeleri yukarıda bahsedilen durumların iyileştirilmesine yönelik somut maddelerden oluşuyordu: Tahta kurularının temizlenmesi, güvenlik önlemlerinin alınması, servislerin artırılması... Bu yaşananların tanığı olan iş güvenliği uzmanları maaşlarını şirketin patronlarından aldıklarından raporlarını patronun isteğine göre tutması; devletin, kolluk güçleri ve yerel yönetimler aracılığıyla (eylem sonrası müzakerelerde işçilerin karşısında oturup şirketin yöneticilerinden önce onları destekleyen konuşmalar yapan kaymakam ve başka yerel devlet görevlileri) işçi sömürüsüne ve katliamına doğrudan katılıyor olması işçilerin kimseye güvenemeyeceklerini açıkça ortaya koyuyordu. Zaten ihaleyi veren ve kar elde eden taraflardan biri de devletin kendisiydi. Hal böyle olunca rapor etmelerinin kendilerini fişlemekten başka bir anlamı olmayacağını gören ve işten atılıp bir daha iş bulamama ihtimaliyle yüz yüze kalacak olan iş güvenliği uzmanı işçiler de katliama göz yumdu. Kısacası işçilerin hakkını aramak için başvuracağı kurumların var olduğu yanılsaması bu direnişte baştan ortadan kalkmıştı.

Ölümler üzerine gerçekleşen destek eylemleri basın açıklaması ve küçük gösterilerden ibaret kaldı. Ama bu eylemlere dahi polis çok sert saldırdı ve onlarca destekçiyi gözaltına aldı. Başka şantiyelerde kitlesel protestolar ne yazık ki gerçekleşmedi. Hatta çok benzer koşullarda çalışıldığı bilinen diğer "mega proje" inşaatlarına dahi sıçramadı veya bunlar dışarıya yansımadı. Bir grup işçi havalimanı inşaatındaki korkunç koşullardan yılıp başka bir büyük projede çalışmaya başladıklarını, ama buradaki koşulların havalimanındakiyle aynı olduğunu, hatta maaşların çok daha düşük olduğunu bir röportajda ifade etti. Türkiye'de inşaat balonu işçi sınıfını, bitkileri ve başka pek çok canlı türünü katlederek şişti ve patladı.

Eylül 2018 işçilerin kendi seslerini en yüksek şekilde duyurabildikleri ay oldu. Artık daha örgütlü hareket etmeyi öğrenmiş işçiler birbirleriyle kordine hareket etmeyi, talep listesi olşturmayı ve çok daha kitlesel bir şekilde greve çıkmayı başardılar. 14 Eylül İsyanı işçilerin tam katılımıyla gerçekleşti. İsyanı tetikleyen olayların başında iki gün önce gerçekleşen servis kazasında 17 kişinin yaralanmış olması ve bu dönemde duyulan diğer kazalar geliyordu. Bu kazada 4 kişinin olay yerinde, 3 kişininse hastanede hayatını kaybettiği işçiler tarafından sonradan öğrenildi; medyaya 1 kişinin öldüğü yansımıştı. Anlık olarak direnişi başlatan durumsa yağmur altında, metrelerce uzunluktaki kuyrukta, saatlerce servis beklemek zorunda kalmanın verdiği öfke oldu. O sabah işçiler arasandan bazıları arkadaşlarını isyana çağırdı ve herkes aynı duyguyu paylaştığından isyana katılım sağladı. Toplanıp kamp amirliğine doğru yürüyüşe geçtiler. Haberin yayılmasıyla birlikte inşaat alanının dört bir yanından işçiler yürüyüşe katılmaya başladı. En nihayetinde vardiyası olmayanlar dahi bu eyleme dahil oldu. Defalarca sundukları taleplerini hiçbir şekilde dikkate almamış, her eylemlerini çok şiddetli biçimde bastırtmış, görüşmelerde tehditler savurmuş yönetime karşı biriken öfkeleri dizginlenemez bir hal almıştı. Patronlar korkuya kapılıp inşaattaki daha önceki direnişlerde hiç görülmemiş miktarda polis ve askeri işçilerin karşısına yığdı. Üstelik bir de kamyon üzerine çıkıp işçilerin derhal eyleme son vermelerinin kendileri için daha iyi olacağı tehdidini savurmaya kalkışınca yöneticiler, baret yağmuruna tutuldular ve ambulanslarla gizlice kaçmak zorunda kaldılar. İnşaat kampı içerisinde yer alan jandarma karakolunda müdahale için hazırlıklar yapılıyor, takviye müdahale araçları aktarılıyordu. Polis ve asker biber gazları, tazyikli su ve joplarla saldırıya geçti. Binlerce işçi yaralandı. İşçiler jandarmayı geri püskürtmeyi başardı ve beklemeye koyuldu. Jandarma da işçilerin kendiliğinden dağılmasını beklemeye koyuldu. Yönetimden onların taleplerini dinlemeye ve anlaşma yapmaya yönelik bir tepki alamadılar. Öğleden sonra işçiler yavaş yavaş dağılmaya başladı. Birkaç sendika bağlantısı olan işçi sendika yöneticilerine durumu haber verdi ve sonraki süreçte sendikayla bağlantıda kaldı. Eylem sönümlenirken sendika yöneticileri şantiyeye geldiler fakat içeri alınmadılar. Sendikalı birkaç işçi herhangi bir görüşme talebi için temsilci seçmeyi önerdi ve işçiler aralarından 19 kişiyi temsilci olarak seçti. Talepler netleştirildi. Sendikalılar 50-60 kişiyi toplayıp yürüyüş tertiplediler. Yürüyüşü gören işçiler tekrar bir araya gelmeye başladılar. Jandarma komutanı, işçileri sendika temsilcilerine karşı kışkırtmaya çalıştıysa da temsilcileri tanıyan işçilerin sahiplenmesiyle bir sonuç alamadı.

Bu arada, eylemin tekrar başladığı haberinin alınması üzerine Arnavutköy ve Eyüp Belediyesi kaymakamlarının yanı sıra jandarma komutanı ve İGA'nın alt yöneticilerinden bir heyet "arabulucu" olarak içerideki sendika yöneticisiyle görüşme talep etti. 17 maddeden oluşan (daha sonra 27 maddeye çıkacak olan) talepler listesi sunuldu. "Arabulucu" olduğunu söyleyen ekip bu talepleri İGA yönetimine iletmek üzere ayrıldı. Yönetim yarım saat sonra görüşme talebiyle kapıda bekleyen sendika yöneticilerini ve işçilerin belirlediği temsilcileri çağırdı. Her zamanki gibi burjuva sınıf bilincine sahip olan İGA patronu ve sözde arabuluculardan oluşan 6-7 kişilik heyet muhtemelen 'işçi sömürüsünün gizli el kitabı'nda yazan taktikleri uygulamaya başladılar. Arabuluculuk oyunu da bu taktikler arasında yer alıyor zaten. Ardından büyük patron Samsunlu işçilerin sorunlarının ciddiyetinden haberdar olmadığını, bunların aslında kendi sorumluluğu olduğunu ve özür dilediğini kısaca ifade etti. İşçi temsilcilerinin çözümün ne olacağını sorması üzerine, kendisiyle görüşmenin dahi bir lütuf olduğunu ifade eden laflar geveleyerek çözüme dair bir şeyler söylemekten kaçındı. Üstü kapalı tehditler savuran konuşmaların ardından *"Söyleyeceklerim bundan ibarettir"* diyerek saygısızca salonu terk etti. Temsilciler muğlak "durumla ilgilenileceği" vaadini alıp geri döndü.

Gece işçiler jandarma ve polis tekmeleriyle uyandı. 600'e yakın işçi karga tulumba araçlara bindirildi ve gözaltına alındı. Diğer işçiler de kolluk kuvvetleri tarafından hırpalandı. O gece sendikacılar da gözaltına alındı. İşçiler 6 gün gözaltında tutulup 6 kez ifadeleri alındı ve avukatlarıyla görüşmeleri engellendi. 37 işçi ve sendikacı tutuklandı; bunların 6'sı adli kontrol uygulamasıyla serbest bırakılırken diğerlerinin tutukluluğunun devamına karar verildi. Avukatlar tutuklananlar ve serbest bırakılanlar arasında delil açısından hiçbir fark bulunmadığına dikkat çekti. Sendikacılar tutuklamaların diğer işçilere gözdağı vermek için olduğunu açıkladı. Gözaltından dönen işçilerden pek çoğu hiçbir hak telafisi ve çalıştıkları sürelerin ödemesi yapılmadan işten çıkarıldı. Şirketin gözaltına alınan işçilerine uyguladığı bu yöntem genel bir politika halini de aldı. Hatta eylemlerin hemen ardından jandarma girişlerde kimlik kontrolü yapmaya ve üst aramaya başladı. Ellerindeki listede yer alan kişileri ve kimliği olmayanları gözaltına alıyorlardı. İşçilerin bir kısmı bu sıkıyönetim koşullarına daha fazla dayanamayıp işten ayrıldı. Pek çoğu ise işsizlik oranlarının çok yüksek olduğu ve şirketin engellemelerinin duyulduğu koşullarda işsiz kalmayı göze alamadı ve çalışmayı sürdürdü.

Eylemin ardından yöneticiler küçük, işlevsiz önlemler aldı: Bir kilometrelik servis kuyrukları için 20 – 25 metrelik bekleme tenteleri yaparak işçilerin az bir kesiminin yağmurdan korunmasını sağlamış oldular. Bunun dışında ise iyi yönde hiçbir değişiklik yoktu. Aksine kötü yönde pek çok değişiklik gerçekleşti. Arama noktası kuyrukları, gözaltılar, sayısı kat be kat artmış olan jandarma ve polislerin düzenli gardiyanlığı ve işçilerin kullanım alanlarını işgalleri... İşçilere yetmeyen servisler kolluk güçlerine sağlanmış, işçilerin iş çıkışı soluklandığı çayhaneler polis ve askerler tarafından işgale uğramış, işçilere bile idare etmeyen yemekler onlara verilir olmuştu. Bütün bunlar sonrasında başka ölümleri, başka isyanları ve başka gaz bombalı, dayaklı saldırıları getirdi. İnşaat devam ederken bazen 100 – 200 kişilik gruplar halinde, bazen daha kalabalık olarak tepkilerini göstermeye devam etti işçiler. Onca yaşanandan sonra yöneticilere tepkilerini rahatlıkla gösteren işçiler yeni başlayan işçileri şaşırtıyordu. Bütün bu tepkiler şantiye koşulları açısından bir iyileşme sağlayamadı. Davalar sürerken hem komutanlar hem şirket

yöneticileri hem de yerel yöneticiler inkarı
sürdürdüler ve yalanlarını sıralamaya devam ettiler.

Sonuç

Türkiye'de sınıf mücadelesinin son kırk yılına
baktığımızda güvenilir ve güçlü bir sınıf sendikası
örgütlenmesine ihtiyaç olduğunu görüyoruz. İşçi
sınıfı patronla gizli anlaşmalar yapan, kariyerist
sendika bürokratlarından dolayı sendikal
örgütlenmeye karşı çıkarken, yerine süreklilik
sağlayabilen bir örgütlülük oluşturabilmeyi de
başaramıyor. Tabii işçilerin sendikalı olmaktan
kaçınmasının tek sebebi sendika bürokratları değil;
uzun yıllardır yapılan komünizm karşıtı propaganda
sebebiyle her türlü sınıf mücadelesine kuşkuyla
yaklaşan ve politik bilince sahip kişileri "vatan
haini, din düşmanı" olarak kodlayıp düşman safta
gören bir işçi sınıfı var. İşçilerin pek çoğunun bu
tarz yaklaşımlara sahip olması, burjuvazinin onları
daha kolay etki altına almasına ve örgütlü mücadele
etmelerini engellemesine ortam hazırlıyor.

	Almanya	İtalya	İspanya	Türkiye	ABD	Kanada	Hindistan	İngiltere
1990	257	1634	977	166	185	270	1308	298
1991	208	2952	1984	165	392	253	1342	176
1991	598	3178	5192	62	364	150	1252	148
1993	33	4384	1077	7	182	102	954	385
1994	401	2614	5437	5	322	81	846	107
1995	183	445	574	200	192	149	990	174
1996	166	1689	1088	5	273	282	939	364
1997	13	718	651	7	339	258	981	130
1998	4	435	681	11	387	244	1289	93
1999	188	935	1133	3	73	160	1311	141
2000	7	687	2067	19	394	143	1418	183
2001	61	1125	1245	10	99	221	688	180
2002	428	5442	4534	5	46	166	1079	943
2003	40	2561	729	2	129	79	1816	151
2004	101	709	556	4	173	259	2072	293
2005	17	961	405	4	100	199	2914	93
2006	169	467	500	2	77	42	1810	713
2007	106	906	497	26	193	66	725	745
2008	154	669	543	5	83	41	1484	511

Kaynak: ILO (2012b).

Tablo: Türkiye'de ve dünyada greve çıkan işçi sayılarının yer aldığı aşağıdaki tablo bu konuda yeterince açıklayıcı olacaktır. Türkiye, nüfusu 1990 yılında 56 buçuk milyon civarındayken, 2018 yılında 82 milyona çıkmış bir ülke. Tabloda sayılar binlerle ifade edilmektedir. Örneğin Türkiye'de 1990'da 166 bin kişi greve çıkmıştır. İtalya'da ise 1990 yılında nüfus yaklaşık 57 milyon civarında ama greve çıkan işçi sayısı 1 milyon 634 bin'dir.

Türkiye'de işçilerin %90'ı sendikasız, %95'i ise toplu iş sözleşmesi olmadan çalışıyor. Kayıt dışı çalıştırmanın oldukça yaygın olduğu Türkiye'de, işsizlik oranı resmi kaynaklarda 2019 yılı için %13.3 olarak açıklanmış olmakla birlikte gerçek işsizliğin %30'u aşkın olduğu düşünülüyor. İşsiz kalma korkusuyla kötü çalışma koşullarına razı olmak zorunda kalan işçiler, sınıf dayanışmasından da kaçınan bir tavır sergiliyor. Devletin işçi alımı yaptığı iş kollarında geçici/kadro dışı statüler son yıllarda oldukça yaygınlaştı. "Sözleşmeli memur," "vekil öğretmen" gibi sıfatlarla işe alınan işçiler, hem kadrolu işçilerden çok daha az ücret alıyorlar hem de kazanılmış özlük haklarından yararlanamıyor, her an kapı önüne konulma ihtimaliyle burun buruna yaşıyorlar. 2002 yılında yerel yönetimler haricindeki alanlarda kamu çalışanı sayısı 488 bin 218 iken, 2010 yılına gelindiğinde bu rakam neredeyse yarıya düşmüş, 241 bin 972 kişi olarak kaydedilmiştir. 2007-2010 tarihleri arasında yerel yönetimler hariç kamu kuruluşlarına alınan kadrolu memur sayısı %1.8 artmışken, sözleşmeli memur sayısı %73.6 oranında artmıştır. Kısacası memur statüsündeki işçilerin yıllarca mücadele ederek kazandıkları haklardan yararlanabilmek yeni başvuranlar için imkansız hale geliyor, kamu kurumlarına alınan işçilerin pek çoğu başka statülerde görevlendirilerek çok daha ucuza ve güvencesiz çalıştırılıyor. Hatta özelleştirmelerle bahsi geçen kazanımlardan yararlanan işçiler de statülerini kaybedip ya işsiz kalıyor ya da daha kötü koşullara razı oluyor.

Emek sömürüsü her ırktan işçi için aynı şiddette değil: Kürt işçiler Türkiye'nin ucuz iş gücü kaynağının büyük bölümünü oluşturuyor. İşsizlik, Türkiye Kürdistanı'nda ülkenin geri kalanının en az iki katı. Türkiye devletinin PKK'nin etkisini kırmak amacıyla köylerini yaktığı, PKK'nin çocuklarını askere aldığı Kürt köylüleri, mevsimlik işçi olarak çalışmak için nerede iş buluyorlarsa oraya gidiyorlar. Türkiye'nin dört bir yanında tarım sektöründe çalışan mevsimlik işçilerin neredeyse tamamını Kürtler oluşturuyor. Ailenin en küçük üyesinin dahi çalışmak zorunda olduğu ve bütün aile fertlerinin derme çatma çadırlarda, kötü hava şartlarıyla boğuşarak yaşamak zorunda kaldığı tarım alanlarında maaş 'aile reisi'ne ödeniyor. Ödenen maaş ise piyasa standartlarının çok altında. Çocuklar çalışma koşulları ve düzenli olarak göç etmek zorunda kalmaları sebebiyle okul hayatlarına devam edemiyor ve büyüdükçe iş hayatında ebeveynlerinin yerini alıyor. Hastalanan işçiler hastaneye ulaştırılmıyor. Yetersiz beslenme ve sağlık hizmetlerine ulaşamama sebebiyle kalıcı olarak sakat kalan veya erken yaşta hayatını kaybeden insanlara rastlanıyor. Dahası işçiler düzenli olarak hayatlarını tehlikeye atan ırkçı saldırılara maruz kalıyor, hatta öldürülüyor. Irkçı saldırganlar ise ya çok düşük cezalara çarptırılıyor ya da ceza bile almıyor. Pek çok Kürt işçi tehlikeli iş kollarında, düşük ücret karşılığı, güvencesiz çalışmak zorunda kalıyor. Kürt işçilerin şehirlerde çalıştığı iş kollarının başında ölüm oranlarının en yüksek olduğu alanlardan biri olan inşaat geliyor. İnşaatlarda hem şehirlerde yaşayan Kürtler, hem de şantiyelerde yaşayan mevsimlik işçiler çalışıyor. İşçiler çalışma hayatında Kürt kimliklerini gizlemeye çalışıyorlar, tabii yapabilirlerse. Pek çok Kürt işçi Türkçe bilmediği veya aksanlı konuştuğu için kendini gizleyemiyor. Ana dillerini konuşmaları yasaklanıyor ve konuşanlar saldırıya uğruyor. Eğitimli Kürt işçiler için de zorlayıcı koşullar söz konusu. Özellikle ilk kuşak eğitimliler, kamuda hakim olan torpille işe alınma durumundan fazlasıyla olumsuz etkileniyor. İşe girebilenler en ufak bahaneyle işten atılıyor.

Türkiye, kadınların çoğunluğunun ücretsiz ev işçiliğine sıkıştığı, ataerkil baskı ve şiddete düzenli olarak maruz kaldığı ülkelerden biri. Son yıllarda üniversitelere başörtülü girişin yasallaşması ve taşra illerine yeni üniversitelerin açılması sonucu en azından eskisine nazaran daha kitlesel olarak üniversite eğitimi alabilmeye başlayan kadınlar, iş hayatında erkek işçilere oranla çok daha dezavantajlı koşullarda çalışmayı sürdürüyorlar. Çoğunlukla ev işleriyle ve çocuk yetiştirmeyle ilgilenen tek kişi hala kadın olduğundan, iş aramaya bile kalkışamayan kadınlar, geleneksel yaşam alanlarına sıkışmaya devam ediyorlar. Resmi rakamlara göre 2016 yılında kadınların %33'ü iş gücüne katılmış. Bu oranın bir kısmı elbette küçük işletme sahiplerini içeriyor. Bunun dışında İslamcı söylemin artışıyla kadınlara yönelik şiddetin artışında bir parelellik gözlenebiliyor. Kadınların erkeklerden aşağı varlıklar olduğunu, kadınların başlarını kapatma ve aile reisi erkeğin kurallarına uyma zorunluluğunun bulunduğunu, kadınların erkekler tarafından yeri geldiğinde cezalandırılabileceğini salık veren dini yaklaşımlar sayısız kadının günlük hayatını korkunç bir şekilde etkiliyor. Düzenli olarak evde veya sokakta cinsel istismara, aşağılama ve baskıya maruz kalan kadınların bir kısmı ise cinayetlere kurban gidiyor. Son yedi yılda bu cinayetler %1400 artarken sadece 2019 yılında 474 kadın erkekler tarafından öldürüldü. Üstelik bu oran şüpheli kadın ölümlerini kapsamıyor. İş yerlerinde kadınlar düzenli olarak sadece patronların ve yöneticilerin değil iş arkadaşlarının da tacizine ve mobingine maruz kalıyor. En can yakıcı durumsa savaştan kaçıp gelmiş göçmen kadınlar tarafından deneyimleniyor: Dilini bilmedikleri bir ülkede, kimseden yardım isteyemez halde; düzenli olarak şiddete maruz kalan, birilerine satılan, tecavüze ve zorla alıkonulmaya maruz kalan binlerce kadın olduğu biliniyor. Onların başına gelen iğrenç durumların verileri ise gerçeklikten uzak görünüyor.

LGBT işçilerin koşulları hakkında çok fazla veriye ulaşılamıyor ve bu veri sorunu bile yeterince şey söylüyor. Eşcinsel işçilerin büyük çoğunluğu cinsel yönelimlerini gizleyerek çalışma alanlarında yer almak zorunda kalıyor. Cinsel yönelimlerinin açığa çıkması ise işten çıkarılmalarıyla sonuçlanıyor veya şiddet görmelerine sebep oluyor. Kimliklerini saklamadan çalışabildikleri alanlar oldukça sınırlı: sivil toplum kuruluşları, üniversiteler, seks işçiliği ve bazı küçük LGBT dostu olduğunu öne süren kuruluşlar. Bunların çoğunluğu bile LGBT işçiler için açık bir şekilde çalışılabilir alanlardan değil. Ayrıca toplumsal olarak eşcinsellerin çalışmasının yadırganmadığı iç mimarlık, reklamcılık, sinema sektörü ve modacılık gibi alanlar eşcinsellerin çalışmak zorunda kaldığı alanlar arasında kalıyor. İş başvurusunda bulunan çoğu trans görüşmeye dahi çağırılmıyor. Heteroseksüel işçilerin homofobik davranışları LGBT işçileri mücadele alanlarının dışına sürüklüyor. Bu gibi yaklaşımlar heteroseksüel işçilerle dayanışma kurabilmelerinin önüne geçiyor ve LGBT işçileri kendilerine sınıfsal hiçbir vaadde bulunmayan sivil toplum kuruluşlarıyla çalışmaya yöneliyor. İş başvuru sürecinde cinsel yönelimini gizlemek de eleme süreçlerinde ayrımcılığa uğramayı engellemiyor: Eşcinsel görünmek veya eşcinsel sanılmak elenmek için yeterli olabiliyor. Askerliğin zorunlu olduğu Türkiye'de eşcinsel olduğu için çürük raporu almış olan işçiler, her iş yerinin biyolojik erkeklerden istediği askerliğini bitirmiş olma şartı sebebiyle bu bilgiyi paylaşmak zorunda kalıyor. Böylece eşcinsel olarak fişleniyorlar ve işe kabul almıyorlar. Kamuda işe başvuran kişiler için özel hayat kontrolü yapılıyor. Mahalle esnafına ve komşulara sorular soruluyor; eşcinsel olduğu açığa çıkarsa işe alınmıyor veya işten çıkarılıyor. Ayrıca aday memuriyet sürecinde iki yıl boyunca genel ahlaka uygun olup olmama durumu inceleniyor. LGBT sorunlarına dair akademik araştırma yapmış olanlar, üniversitede kadro bulmakta zorlanıyor. LGBT dergilerinde yazılar yazanlar CV'lerinde bu bilgiye yer vermiyor. Eşcinsellik şüphesi terfi almanın önüne geçiyor hatta sürgünlere sebep oluyor. Eşcinsel olduğu açığa çıkan işçiler özellikle kamusal iş kollarında işten çıkarma tazminatını alamamaları için yıldırılarak istifaya zorlanıyor. Evli heteroseksüel çiftlerin kullanabildiği hastalık, iş değiştirme ve doğum izni gibi izinleri eşcinseller hiçbir zaman kullanamıyor. İş yerlerinde yaygın olarak uygulanan iş seyahati görevlerinin bekar insanlara verilmesi durumundan, evlenmeleri yasak olan eşcinsel işçiler ömür boyu muzdarip olmak zorunda kalıyor.

Bir diğer can yakıcı Türkiye gerçeği ise göçmen işçilik: Uluslararası Göç Örgütü verilerine göre, 133 bin 632 Iraklı, 128 bin 931 Afgan, 32 bin 80 İranlı, 3 bin 598 Somalili ve 8 bin 550 diğer ülkelerden gelen toplam 306 bin 791 kişi bulunuyor. Geçici koruma kapsamındaki Suriyeli göçmen sayısı 3 milyon 168 bin 757. Türkiye'deki toplam mülteci sayısı 3,5 milyonun üzerinde. Bu işçiler ortalamanın çok altında ücretlere, insanlık dışı koşullarda çalıştırılıyor. Savaş koşulları sebebiyle Türkiye'ye sığınmacı statüsüyle gelen Suriyeli işçilerin durumu ise çok daha kötü: Türkiye'de 2017 yılında yabancılara 87 bin 100 çalışma izni verildi, bunun sadece 20 bin 970'ini Suriyeliler oluşturdu. Bundan dolayı pek çok Suriyeli kaçak çalışan olarak daha da kötü koşullara razı oldu. Düzenli olarak ırkçı hakaretlere ve saldırılara maruz kalan göçmenler; bazen paraları gasp edilerek işten atıldı, bazen de baskı, hakaret ve tacizlere maruz kalarak uzun saatler boyunca çalıştırıldı. Ekonomik kriz ve işsizlik sebebiyle zaten zor durumda olan Türkiyeli işçilerin pek çoğu kendi zorda kalışının hıncını bunun sorumlularından çıkarmak yerine göçmen işçilerden çıkarmaya yöneldiler. Büyük felaketler yaşamış milyonlarca insan gerçek bir dayanışmadan yoksun kalarak travmatik olaylar yaşamaya mahkum oldular.

Türkiye'nin toplam nüfusu, 2018 sayımlarına göre 82 milyonu geçerken bunun 23 milyona yakınını çocuklar oluşturuyor. Resmi verilere göre 2019'da Türkiye'de çocuk işçi sayısı 2 milyona yaklaştı. Türkiye'de her üç çocuktan birinin, yani 7 milyondan fazla çocuğun şiddetli maddi yoksunluk çeken hanelerde yaşadığı düşünülürse çocuk işçi sayısı çok daha yüksek olabilir. Tabii pek çok ülkede, özellikle ekonomik olarak güçlü olmayan ülkelerde çocuk işçiler iş hayatında yoğun bir şekilde sömürülüyor. Uluslararası Çalışma Örgütünün (ILO) raporuna göre de, tüm dünyada 73 milyonu "tehlikeli" işlerde olmak üzere halen 152 milyon çocuk işçi bulunuyor.

Türkiye'de çocuk işçilerin koşulları da yetişkinlerinkini aratmıyor; hatta çocuklar pek çok alanda çok daha kötü koşullara maruz kalıyor. Yetişkinler kadar uzun saatler çalışan çocuklara cep harçlığı sayılabilecek komik ücretler ödeniyor. Genelde ailesi fazlasıyla yoksul olan, ebeveyinleri hasta olan ve ebeveyinlerini kaybetmiş çocuklar iş yerlerinde dayağa, tacize ve tecavüze maruz kalıyor. Sıklıkla ücretleri gasp edilen çocuklar, iş kazalarına da kurban gidiyorlar. Resmi rakamlara göre son yedi yılda 426 çocuk iş kazalarında hayatını kaybetti; binlerce çocuksa yaralandı. Kayıtlı çalışan çocuklar çoğunlukla mesleki lise öğrencileri için zorunlu olan staj programlarında ve geleneksel dükkan çıraklığı alanında istihdam ediliyor. Staj programlarında çocuklar not tehdidiyle angarya işlere boğuluyor. Kadrolu çalışanların işlerini yapmak zorunda kalıyorlar. Çırak ve kalfa olarak küçük dükkan ve atölyelerde çalışan çocuklarsa çok uzun saatler bütün ayak işlerine koşturuyor ve çok düşük ücretler kazanıyor.

	2012	2013	2014	2015
Türkiye	5,7	8,3	9,4	6,9
İspanya	2,2	1,9	2	2,3
Mısır	11,6	-	11,2	10,7
ABD	3,2	3,3	3,4	4,8
İsveç	1	1	1	0,7
Almanya	1,2	1	1,1	1

İşçilerin çalışma alanları sadece zorluk taşımıyor, aynı zamanda onların sağlıklarını da ciddi anlamda tehdit ediyor; hatta ölümlerine sebep oluyor. Çalışma ve Sosyal Güvenlik Bakanlığı'nın verilerine göre; iş göremezlik raporu alan başhekim onaylı kişi sayısı, 2002-2014 yılları arasında 15 milyon 519 bin 496 kişi oldu. Her yıl milyonlarca işçi meslek hastalıklarına yakalanıyor ve TÜİK'e göre her 5 işçiden birinin sigortasız çalıştığı Türkiye'de (%90'dan fazlası sigortasız çalışan göçmen işçiler dahil değil.) işçiler tedavilerini kendi imkanlarıyla olmak zorunda kalıyor. Pek çok işçi ömürleri boyunca ciddi meslek hastalıklarından muzdarip olarak aynı sağlıksız koşullarda çalışmaya devam ediyor. Birçok işçi ise koşulların ağırlığına dayanamayarak intihar ediyor. Ölüm oranları ise aşağıdaki tablolarda açıkça görülebiliyor. Bu veriler Türkiye ve başka ülkelerdeki işçi ölümlerinin karşılaştırılmasını ve farklı kaynaklardan edinilmiş, yıllara göre değişiklik gösteren işçi ölümleri rakamlarını yansıtıyor:

	Bakanlık	İSİG	SGK
2012	206	867	745
2013	176	1.235	1.360
2014	461	1.886	1.626
2015	164	1.730	1.252
2016	146	1.970	1.405

Genel olarak meseleyi toparlamak gerekirse; kapitalizmin zalim sömürü çarklarında öğütülen dünyanın bütün işçileri gibi Türkiye'de çalışan işçiler de bu nefret edilesi sistemin gazabına maruz kalıyor. Örgütlü mücadeleye ket vuran etmenler yüzünden güçlü bir örgütlenme gerçekleştiremeyen işçiler, umutsuzluğa sürükleniyor. Kapitalist kültürün de etkisinde kalan pek çok işçi bir gün patron olabilme hayaliyle veya varlıklı kesimlere gıpta ederek yoz bir kültür yaratıyor ve birbirine diş bileyen bir ilişki geliştiriyor. Koşullar sertleştikçe ve işsizlik arttıkça, işçilerin dayanışmayı bir kenara bırakıp birbirlerine karşı saldırganlaştığı gözlemleniyor. Sendikaların büyük çoğunluğu işçilerde güven oluşturamazken, boşlukta savrulan işçiler demokratik veya hukuksal hak kazanımlarına yönelme arzusu duyuyor. Hatta son yıllarda, hukuk sistemindeki adaletsizliğin daha fazla görünür olmasından dolayı bu arzuyu da yitirmeye başladıkları söylenebilir. İşçiler, ancak mücadelelerini kendi ellerine alarak, meclislerini ve komitelerini oluşturarak ve en nihayetinde sınıf sendikaları kurarak bu olumsuz tabloyu geride bırakabilirler. Mücadelenin uzun erimde kazanmasını sağlayacak tek yapı ise, sınıf mücadelesinin tarihsel hafızasını ve devrimci vizyonunu taşıyan gerçek komünist partidir. Enternasyonal Komünist Partisi yalnızca anlık kazanımlarla günü kurtarmayı değil, üstüne sömürü ilişkilerini yıkarak geleceği kurtarmayı hedefler.

Ölü toprağını üzerinden atıp omuz omuza mücadeleye girişmek, bütün diğer ülkelerin işçileri için olduğu gibi Türkiye işçi sınıfı için de büyük aciliyet taşıyor. Sadece milyarlarca insanın değil, bütün canlı yaşamın sömürücüsü ve katili kapitalizmin son bulması uğruna üretimden gelen gücümüzü kullanarak mücadele etmek dışında çaremiz yok!